- 매사 귀찮을 때가 많아요.
- 감정의 기복이 심해요.
- 잠도 걱정되요.
- 아빠가 싫어요.

엄마가 한번도 자신의 여유시간을 가진적이 없어요. 한번이라도 여유시간을 가지라고 해버를 지겠으면해요. 엄마가 아빠에 행동을 놓는걸 보는게 너무 아까워요. 엄마가 편하게 회사 라도 수월으면 좋겠어요. 엄마를 편하게 쉬게해드리고 싶은데 어떻게 해가죠지 모르겠어요. 제가 나중에 커서 여행은 보내드려야 할까요.

우리 가족 행복해 졌으면 좋겠어요

1. 대학 입학 후 어떻게 생활해야 하나?
2. 우리가족이 더 행복해지면 좋겠어요.
3. 우리가족이 모두 건강해지면 좋겠어요.

내가 진짜 하고싶은일을 꿈꿔 상황이나 이유들 때문에 하지못하고 다른 인생을 살아가야 해서 그게 너무해서 고민이다. 내가 하고싶은 일로 한다면 내게는 나쁜는 이제 병이 되려고 있으니 내 싶을 모두 해야하면 즐거워지고 더 행복해지고 힘들트라스 있을 수있다.

고민 ♡
아직도 제가 하고 싶은 것은 못 찾았어요. 학교에서 오는 중어 희망 직업란이는 과로 쓴 직업을 분 제가 하고 싶은 일이 아닌것 같아요. 집에서도 제가 확실히 진로 정해서서 잘 하고 있다고 생각만 하셔서서 말로 못하고 제가 하고 싶은 일로 못하고 한참 고민 해요.

한번만이라도 좋으니까 아빠가 보고싶다.

가족이 낯설어해서 집나가고싶다. 외롭다.

나의 고민

1. 아무리 가까운 사람이라도 상대방은 제 마음을 아나요?
2. 왜 처음에 저만 생각하게 되는가요?
3. 친구는 왜 저를 받지 않아버리는걸까요? 진짜 친한 친구였는데

나의 고민?

말로 많은 보고싶지만 명원히 보지못할수도 있는 친할머니 와 고모들 그리고 아빠 ㅇㅇㅇ 보기.
※ 제일 사랑하는 남자친구 감동시켜주기

내가 내 기분을 모르겠다
갑자기 힘이 빠지고 아무것도 하기 싫어질 때가 있다
기분이 좋을 땐 나 자신도 언제 그랬듯이 행복하지만 힘들다

< 나의 고민 >

부모님 속 그만 썩이고 빨리 학 들어가 효도하고 싶은데 그게 내 마음대로 잘 되지 않아서 고민입니다.
진심으로 저도 저도 걱정이구요.
이 고민도 해결되고 싶고요.

다른 사람보다 못하는게 많고, 가지게 없는 거 같아서 항상 남들속에서 위축되고, 부족한 기분이 들어서 열등감도 많고 하고 싶은건 많은데 아직 방법을 찾지 못해서 너무 답답이에요.

삶이 무의미해요
살아야할 이유를 모르겠어요.
희망이 생길까요?
그리고 남자친구
평생 안 생기면 어떻해요?

고민 1. 공부를 하면 친구들과 멀어지게 되고
친구들과 놀면 공부에서 멀어지게 돼버려요

고민 2. 아직 애끝나고 부모님과 대화하는 시간이 부족한것같아요
주말 5시간 째

저의 고민은 엄마 아빠의 걱정이 제일 걱정이고
지금 나온 성격도 엄마, 아빠로 하고 보여하시는 것을
다 해드리며 노력하자 되잖가 고민이고
동생이 사랑깨 나누어도 하고 엄마아빠 웃자로 하고
별로 웃지 못한 휴가때 여유로워서 여행이나 해봐
예전처럼 돌아올게 한 수 있을지 되는 걱정입니다.

사춘기쇼크

사춘기쇼크

초판 1쇄 2014년 2월 17일
　　3쇄 2019년 5월 2일

지은이 이창욱
펴낸이 설응도　**편집주간** 안은주
영업책임 민경업
기획 (주)엔터스코리아 작가세상

펴낸곳 맛있는책

출판등록 2006년 10월 4일(제25100-2009-000049호)
주소 서울시 강남구 테헤란로 78 길 14-12(대치동) 동영빌딩 4 층
전화 02-466-1283　**팩스** 02-466-1301

문의(e-mail)
편집 editor@eyeofra.co.kr
마케팅 marketing@eyeofra.co.kr
경영지원 management@eyeofra.co.kr

ISBN : 978-89-93174-43-4　13590

책의 저작권은 저자와 출판사에 있습니다.
저작권법에 따라 보호를 받는 저작물이므로 무단전재와 복제를 금합니다.
이 책 내용의 일부 또는 전부를 이용하려면 반드시 저작권자와 출판사의 서면 허락을 받아야 합니다.
잘못 만들어진 책은 구입처에서 교환해드립니다.

사춘기 쇼크

• 이창욱 지음 •

맛있는책

 시작하는 글

부모만 힘드나?
아이들은 더 힘들다!

"엄마는 도대체 왜 그래?"
 "알았어! 알았다고!"
 "누가 해 달래? 그냥 나 좀 놔두라고!"
 "엄마랑은 말이 안 통해! 짜증나!"
 아이가 지금 이런 말을 하고 있지는 않나요? 사춘기에 들어선 아이들은 이와 같이 대화나 행동을 통해서 사춘기가 시작되었다는 신호를 보냅니다. 개인마다 차이가 있지만, 아이들은 보통 초등학교와 중학교를 경계로 사춘기를 겪습니다. 누구나 겪는 사춘기지만 아이들을 직접 키우는 '어머니' 입장에서 사춘기 아이가 때로는 무섭고 두려울 때도 있고, '이 아이가 과연 내가 낳은 아이가 맞는지' 의심스러운 경우도 많을 것입니다. 사춘기가 시작되면 말을 아주 잘 듣던 얌전한 아이가 갑자기 짜증을 내고 소리를 지르거나 집을 뛰쳐나가기도 합니다. 평소에는 하지도 않던 반찬 투정을 하는가 하면, 아무것도 아닌 사소한 일로 하루 종일 투덜거리기도 합니다. 솜털 보송하던 아이 얼굴은 어느새 여드름으로 뒤덮이기 시작하고, 밝고 명랑하던 아이가 하루 종일 아무 말도 하지 않고 시무룩해지기도 합니다.

아이들의 입장에서 사춘기는 한마디로 "나도 나를 모르는 시기"라 할 수 있습니다. 학교 선생님들은 사춘기, 특히 '중학생 아이들'을 보고 '가만히 있지 못하고 발버둥치는 시기'라고 합니다. 학교별 보건실 이용 통계를 분석해 보면 재미있는 결과를 살펴볼 수 있습니다. 골절, 출혈, 찰과상, 타박상 등 응급상황의 경우 초등학교나 고등학교 보다 중학교가 월등히 높습니다. 또, 보건실 이용 목적을 살펴보면 초등학생은 가벼운 상처 치료, 고등학생은 신경성 질환인 반면, 중학생은 '꾀병'이 많다고 합니다. 그만큼 사춘기는 '신체적', '정신적'으로 많은 변화를 겪는 시기임을 방증한다고 볼 수 있습니다.

부모의 입장에서 사춘기의 아이들의 '행동'과 '생각'은 도무지 이해할 수가 없습니다. 사회적으로도 방황하는 사춘기 청소년들의 문제가 연일 거론되면서 문제의 심각성을 부각시키고 있습니다. 하지만 사춘기 아이들 입장에서 한번 생각해 보면, 아이들 역시 스스로 걱정스럽기는 마찬가지입니다. 하루에도 수 십 번 계속되는 이유 없는 감정 변화 때문에 자신을 컨트롤하기가 쉽지 않습니다. 부모님, 선생님과도 더 이상 말이 통하지 않아 대화하기가 싫어집니다. 마음이 답답하고 짜증나는데 도무지 날 이해해 주는 사람이 없습니다. 마냥 사람들이 원망스럽고 짜증만 납니다. 어른들은 방황하는 아이들을 보면서 '말세'라면서 혀를 찹니다. 내가 뭘 크게 잘못한 것 같지도 않는데, 사람들은 나를 보면서 손가락질하고 청소년을 싸잡아 비난합니다. 하지만 뉴스에 나오는 청소년의 모습을 보면 스스로도 무섭기는 마찬가지입니다. 정작 사춘기가 가장 힘들고 당황스러운 사람은 나 자신인데 어른들의 그런 시선이 밉기만 합니다.

우리 사회 역시 사춘기에 대해 막연한 두려움을 갖고 있습니다. 일부 사람들은 사춘기 아이들이 병에 걸려 있다고 표현하기도 하지만 아이들의 눈높이에서 보면 지극히 '정상'인 경우가 대부분입니다. 지금 어른들도 과거 어린 시절을 돌아보면 지금과 별반 다르지 않았을지도 모릅니다. 말도 많고 탈도 많은 사춘기의 정점, 중학교 2학년 시절을 돌이켜 생각해 보십시오. 이 시기는 생생하고 에너지 넘치는 인생의 활력기입니다. 어른들의 작은 관심과 배려만 있다면 이 에너지를 행복 에너지로 바꿔 스스로 슬기롭게 잘 넘길 수 있습니다.

연구소의 전화는 항상 바쁩니다. 흔히 '청소년'들이 많이 연락할 것이라 생각하지만 학부모와 선생님의 상담전화가 훨씬 많습니다. 의외로 선생님들의 상담이 많은데, 대부분은 기성세대가 겪어보지 못했던 당황스러운 상황이 많습니다. 게다가 심리적, 의학적, 법률적으로 복잡하게 얽혀 있는 상황이 많아서 선생님 혼자 감당하기 힘든 경우가 대부분입니다. 여학생이 부모의 동의서도 없이 성형외과에서 불법적으로 성형수술을 받고 심한 부작용으로 괴로워하는 내용, 타 학교 학생과 밤늦게 놀다가 억울하게 성폭행 가해자 누명을 쓴 경우, 부모가 이혼을 하는데 서로 양육권을 포기하여 당장 갈 곳이 없어진 중학생 등 그 내용을 들어보면 단순히 청소년 문제라기보다 가정과 사회의 문제까지 복잡하게 얽혀 있는 경우가 다반사입니다.

요즘 아이들의 이성문제도 어른들이 생각하는 그것과는 사뭇 다릅니다. 과거 세대의 이성교제가 '이성에 대한 호기심'을 기반으로 이루어졌다면, 요즘 아이들의 이성교제는 '외로움의 보상기전'에 의한 것입니다. 그래서 부모나 동성 친구보다 이성 친구에게 심리적으로 의지하고, 더욱 친밀한 관계를 유지하려 하고 성관계까지 갖는 경우도 많습니다. 성경험 연령이 점차 낮아지고, 낙태나 데이트 성폭력 등 청소년 성문제가 빈번히 발생하는 것도 어찌 보면 당연한 결과라 할 수 있습니다. 아이들의 성장 환경이나 배경의 차이가 크고, 청소년 문제가 발생하는 근본 이유도 다르기 때문에 기성세대의 충고나 조언이 전혀 효과가 없을 수도 있습니다. 사춘기 아이들도 방황하고 있지만, 아이들을 바로잡아 줄 부모님들과 선생님마저도 어떻게 행동하고 대처해야 하는지 혼란스러워 하는 상황입니다.

같은 환경, 같은 상황이라 하더라도 청소년과 어른은 서로 다른 곳을 바라보고 있습니다. 같은 상황에서 아이들은 '관심 받고자' 하고, 어른들은 '훈계 하고자' 합니다. 본인 스스로도 마음을 잡을 수 없는 사춘기 아이가 어른의 입장에 맞추어 생각하는 것은 불가능하다고 해도 과언이 아닙니다. 하지만 어른들이 부모나 선생님의 입장이 아닌, 수십 년 전 사춘기를 경험했던 선배의 입장에서 눈높이를 낮추어 아이들과 같은 곳을 바라본다면 문제는 생각보다 쉽게 풀릴 수 있습니다. 지금의 사춘기를 겪고 있는 아이들이 접하는 문제는 기성세대의 사춘기와 다른 사회적인 배경을 가지고 있습니다. 예전과 달리 단순히 청소년 문제로 치부해 버리기에는 너무 많은 위험을 안고 있는 경우가 많습니다.

이 책은 청소년들의 고민 상담 사례 2만여 건을 토대로 만들어졌습니다. 그들이 종이비행기에 적어 날린 고민들을 유형별로 분석하고 심리학적·교육적·정서적 솔루션을 제시한 것입니다. 지금부터 '어른'이라는 생각의 틀을 벗고 아이들의 세상으로 빠져들어 그들과 함께 문제를 해결하는 방법을 찾아보고자 합니다. 강자가 약자를 배려하는 행동이 매너이고 에티켓이라면, 어른들이 청소년 아이들을 배려하는 것 또한 분명 매너이고 에티켓일 것입니다.

차례

🐛 시작하는 글 부모만 힘드냐? 아이들은 더 힘들다! • 5

1장 사춘기, 내 아이가 괴물이 되었다

01_부모는 아이의 사춘기가 무섭다 • 17
02_요즘 사춘기는 왜 이리 고약스러울까? • 20
03_부모와 자녀, 그 전쟁의 시작 • 25
04_동상이몽 패밀리 • 28
05_사춘기 아이와 소통하기 위한 준비물 • 32
06_부모세대는 모르는 경악과 공포의 스토리 • 36
07_고민, 종이비행기에 실어 날리다 • 39

2장 사춘기 아이와 대화하는 법

01_엄마들의 흔한 대화법 : 넌 누구 닮아 그 모양이니? • 45
02_아빠들의 흔한 대화법 : 들어가서 공부나 해! • 48
03_선생님들의 흔한 대화법 : 나는 선생이고 너는 학생이야 • 52
04_기꺼이 무릎을 꿇어라 • 56
05_계급장 떼고 먼저 인사하라 • 59
06_아이들아, 부모도 고민이 있단다 • 63
07_악마 선생님이 존경 받는 이유 • 66

08_아이들은 가식적인 말을 혐오한다 • 70
09_아이들은 귀신같이 본심을 알아차린다 • 73
10_어른이 먼저 함부로 대하고 있지 않은가? • 77
11_아이들은 언제나 미리 신호를 보낸다 • 80
12_서투른 칭찬의 역효과 • 83
13_사춘기 아이들은 청개구리 • 86

3장 요즘 사춘기 아이들의 신종 고민

01_사춘기 고민의 8가지 유형 • 91
02_수많은 고민의 뿌리는 단 하나 • 96
03_막장 드라마보다 더 막장인 현실 • 99
04_지워지지 않는 폭력 • 102
05_공부나 열심히 할 수 없는 아이들 • 105
06_우리는 애완동물이 아니에요 • 108
07_애정결핍이 가져온 비극 • 111
08_어머니의 살벌한 치맛바람 • 115
09_최악의 남편감 1위, 마마보이 • 119
10_아버지는 독재자 • 122
11_그 누구도 가르쳐 주지 않았다 • 125
12_부모 모르는 '공부해야 하는 이유' • 129
13_공부하는 방법은 어디서 배우나? • 134
14_아이들의 진로는 코스요리? • 137
15_상처만 주는 '하면 된다.' • 140
16_세상에서 제일 싫은, 우리 엄마 • 144
17_왜 우리 선생님은 선생님이 되었을까? • 147
18_사춘기 아이들이 진짜 원하는 것 • 151

4장 어른들의 솔루션 vs 아이들이 바라는 솔루션

01_어른들에겐 사소한, 아이들에겐 죽고 싶은 • 157
02_그런 친구랑은 사귀지 매 • 160
03_나중에 크면 다 알아 • 163
04_그건 누구나 하는 고민이야 • 166
05_그런 건 나중에 걱정해도 돼 • 169
06_너보다 더한 사람도 많아 • 172
07_학교 다닐 때가 제일 행복한 거야 • 175
08_그건 어른 돼서 하고, 지금은 공부만 해 • 179

5장 위기의 아이들, 위험한 부모들

01_사춘기를 홀로 보내고 있는 아이들 • 185
02_무서운 집착, 더 무서운 무관심 • 190
03_딴 세상에 사는 엘리트 교사 • 193
04_아이들의 가슴에 새겨진 주홍글씨 • 198
05_아이들도 코웃음 치는 청소년교육 • 201
06_치명적인 수치심과 모멸감 • 204
07_초기 발견, 초기 치유의 효과 • 207
08_아이들이 원할 때, 원하는 것을! • 210

6장 편견을 깬 사춘기 아이들

01_ 아이들은 기회에 목말라 있다 • 215
02_ 꼭꼭 숨어 있는 잠재력 • 218
03_ 스스로 길을 찾고 있는 아이들 • 221
04_ '위기의 청소년' 토크콘서트 • 224
05_ 심야 자살예방 카페 • 227
06_ 일본의 오토이넷푸 아이들 • 230

7장 사춘기 아이들의 고백 그리고 공감

01_ 할머니를 볼 수 없어요 • 237
02_ 잘하는 게 하나도 없어요 • 241
03_ 하고 싶은 일을 포기해야 돼요 • 246
04_ 아빠가 싫어요 • 250
05_ 왜 사는지 모르겠어요 • 254
06_ 엄마가 불쌍해요 • 257
07_ 가족이 나를 싫어해요 • 261
08_ 아무것도 하기 싫어요 • 264
09_ 아무도 내 마음을 몰라 줘요 • 267
10_ 부모님과 대화가 부족해요 • 270
11_ 미래가 걱정이에요 • 273
12_ 아빠가 보고 싶어요 • 277
13_ 행복해 지고 싶어요 • 279
14_ 엄마아빠 건강이 걱정이에요 • 280
15_ 하고 싶은 일을 못 찾겠어요 • 282
16_ 내가 내 맘대로 안 돼요 • 284

 마치는 글 이 땅의 어머니, 아버지, 선생님들에게 • 286

1장

사춘기, 내 아이가 괴물이 되었다

요즘 아이들은 스스로 '사춘기가 심하게 온다.'고 말합니다. 요즘 아이들의 사춘기는 왜 이렇게 과격할까요? 대가족의 해체와 정보화가 가장 큰 원인입니다. 지금 사춘기 아이와 부모의 갈등은 표면적으로는 대화의 부족과 미숙함 때문이고, 내면적으로는 외로움 때문입니다.

부모는 아이의 사춘기가 무섭다

어느 날 집에서 저녁을 먹고 소화도 시킬 겸 가까운 초등학교를 찾아 갔습니다. 저녁 8시. 초등학교 운동장은 이미 어둑어둑했지만 운동이나 산책을 하는 동네 주민들로 가득했습니다. 운동장 한편에 있는 미끄럼틀과 정글짐에 한 무리의 사람들이 무리지어 있었습니다. 가까이 다가가서 보니 중학생으로 보이는 남녀 아이들 20여 명이 모여 있었습니다. 초등학생용 미끄럼틀 위에 그 많은 청소년들이 올라가 있으니 미끄럼틀은 곧 찌그러질 듯 위태롭게 보였습니다. 그런데 이렇게 운동장에 모여 있는 청소년 아이들의 모습은 절대 아름답지 않았습니다. 그들은 마치 굶주린 하이에나처럼 운동장을 어슬렁거리고 있었습니다. 운동을 하던 동네 주민들도 본능적으로 아이들의 무리를 피하고 있었습니다.

잠시 후 아이들의 손에서 작고 빨간 불빛이 반짝입니다. 아이들이 한두 명씩 담배를 피우기 시작합니다. 다른 아이들한테 담배를 권하는 아이는 아직 어려 보이는 여학생이었습니다. 남자아이 서너 명은 담배보다는 주변에 굴러다니는, 버려진 빈 소주병에 더 관심이 가는 듯합니다. 각자 빈 병을 집어 들더니 칼싸움을 하듯 서로 병을 휘두릅니다. 병이 부딪히자 유리조각이 산산이 부서집니다. 남자아이들은 아랑곳하지 않고 날카롭게 부서진 유리조각을 계속 휘두르면서 위험한 싸움놀이를 계속합니다. 또 다른 무리의 아이들이 교문 위를 아슬아슬하게 오릅니다. 좁은 담벼락 위에 여러 명이 모여 앉아 마치 히말라야 정상에 오른 듯 어찌할 바를 몰라 합니다. 요란한 굉음을 내는 스쿠터 한 대가 운동장을 가로지르면서 아이들 쪽으로 다가갑니다. 아이들은 스쿠터 주위로 모여듭니다. 대여섯 명이 한꺼번에 스쿠터에 올라타고 아슬아슬한 질주를 하면서 교문을 빠져나갑니다. 어느덧 아이들이 모두 사라져 버렸습니다. 학교 운동장은 유리조각, 담배꽁초 등 청소년 아이들이 어지럽힌 흔적으로 가득합니다. 동네 주민들의 표정도 평온을 찾았습니다.

저녁 무렵, 동네 놀이터나 학교 운동장에 가면 흔히 볼 수 있는 광경입니다. 이런 풍경은 어른들 한두 명이 통제할 수 있는 상황이 아닙니다. 불량한 이 아이들은 과연 어떤 아이들일까요? 앞의 사례 속 아이들을 '불량청소년'이나 '비행청소년'이라고 생각하는 것은 어찌 보면 당연한 일입니다. 하지만 제가 본 아이들은 우리가 평소에 학교에서 볼 수 있는 너무나 평범한 아이들이었습니다. 어쩌면 우리 아이의 모습일지도 모릅니다. 이러한 일탈 행동만 놓고 본다면, 질 나쁜 아이들이라 생각할 수도 있겠지만, 아이들 한 명 한 명의 이야기를 들어보면 그들이 왜 이렇게 행동할 수밖에 없는지 이해할 수 있습니다. 요즘 아이들은 스스로 '사춘기가 심하게 온다.'고 이야기합니다. 과거 세대의 사춘기와 다르게 과격한 양상을 보이는 이유는 뭘까요? 가정환경과 사회구조의 변화가 가장 큰 원인입니다. 아이들은 공통적으로 '관심'과 '사랑'에 목말라 하고 있습니다. 아이들의 일탈행동 역시 관심을 받고자 하는 기본적인 욕구와 사춘기의 심리적인 특성이 더해진 결과입니다.

요즘 사춘기는 왜 이리 고약스러울까?

사춘기에 접어든 아이들의 생각은 사춘기 이전과는 확연하게 달라집니다. 사춘기 아이들의 일반적인 특징을 정리해 보면 다음과 같습니다. 과거의 사춘기 특성과 공통된 부분도 있고, 극명하게 차이를 보이는 부분도 있습니다.

합당한 논리나 근거를 제시해야 움직인다

"너, 내일부터 수학학원 다녀라."
"왜요? 왜 다녀야 되는데요?"
"이번 시험에서 수학 성적이 떨어졌으니까 그렇지!"

"시험보기 전엔 그런 얘기 없었잖아요."

"다니라면 다니는 거지 왜 이렇게 말이 많아!"

"약속도 안 했는데, 왜 엄마 마음대로 이래라 저래라 해요?"

"으휴, 그럼 다음 시험에도 성적 안 나오면 학원 꼭 가야 한다!"

"그러죠. 뭐."

초등학교 때는 부모의 지시에 잘 따르던 아이들이, 사춘기가 되면 지시의 이유와 목적을 확인하려고 합니다. 부모의 지시가 논리적으로 합당하다고 판단이 되면 행동으로 옮기려고 하는 성향이 강해집니다.

자기밖에 모른다. 참을 줄도 모른다

와당탕! 의자가 뒤로 넘어가면서 요란한 소리를 냅니다. 수업이 한창 진행 중인 교실에서, 한 아이가 벌떡 일어나더니 다급하게 보건실로 뛰어 내려갑니다. 교실의 수업 분위기는 엉망이 되었습니다.

"보건쌤! 밴드~"

"왜? 무슨 일이니?"

"여드름 짰어요. 빨리 밴드 주세요."

이 상황을 보면 지금 아이들의 행태나 사고방식이 얼마나 심각한지 알 수 있습니다. 이 아이는 수업의 흐름을 깨고 다른 아이들에게 피해를 주었다는 것은 전혀 인식하지 못하는 것으로 보입니다. '참는다'라는 단어를 이해하지 못하는 아이들이 늘어나고 있습니다. 요즘 청소년 아이들은 심리적인 측면에서도 인내심을 발휘해 본 경험이 거의 없습니다. 그리고 서구문화에 익숙한 아이들이라 기성세대와는 다르게 개인주의적인 성향이 강합니다. 더 큰 문제가 되는 것은 개인주의가 도를 지나쳐서 남에게 피해를 주는 상황이 쉽게 발생한다는 점입니다. 이런 상황이면 개인주의가 아니라 '이기주의'라 할 수 있습니다. 내가 조금이라도 불편하거나 피해를 보는 것을 절대 참지 못합니다. 그 대상이 또래 친구가 되었든 부모가 되었든 상관하지 않고 본인의 의견만을 억지스럽게 주장합니다.

도덕성과 책임의식은 눈 씻고 찾아봐도 없다

어른들의 입장에서 '매너'나 '에티켓'은 반드시 지켜야 하거나, 혹은 지키려고 노력해야 하는 것입니다. 하지만 아이들은 매너가 무엇인지도 모르고, 왜 매너 있는 행동을 해야 하는지 이해하지 못합니다. 기본적인 도덕성이 전혀 없습니다. 자신의 행동이 타인에게 불편을 주는 경우도 전혀 신경 쓰지 않습니다. 타인의 입장은 생각하지 않고 오직 자신의 입장만을 최우선적으로 내세웁니다. 지금도 많은 부모들이 무의식적으로 하고 있는 '우리 아이 기氣 살리기'의 대표적인 부작용입니다. 부모의 이런 무분별한 자녀 감싸기는 아이의 기를 살리는 것이 아니라 도덕성과 책임의식을 없애고 있는 실정입니다. 유년시절 부모가 '기氣 살리기' 방식으로 보살핀 아이들은 학교폭력이나 집단따돌림, 청소년 범죄의 주인공이 될 수 있습니다.

모든 것을 알고 있다고 착각한다

"쌤, 이건 왜 이래요?"
"그건 그런 원리니까 그렇게 작용하는 거란다."
"에이~ 쌤, 아니죠. 네이버 지식인엔 그렇게 안 나와 있던데요?"

태생부터 인터넷환경에 노출되어 있는 아이들, 특히 90년대 이후 출생한 아이들은 어른들의 상상 이상으로 인터넷에 의존적인 경향을 보입니다. 이 아이들에게 '인터넷'은 '신神'과 같은 존재입니다. 지금 학교 현장에서 선생님의 가르침을 그대로 받아들이는 아이들은 거의 없습니다. 선생님의 권위보다 인터넷의 권위를 더 인정하기 때문에 교권이 추락하는 것은 당연한 결과입니다. 인터넷 공간에서는 나이에 대한 차별이 없기 때문에 개인의 권력을 남용하는 일이 어렵지 않습니다. 이런 환경에서 자란 사춘기 아이들은 본인의 감정을 통제하지 못합니다. 한순간의 감정으로 악성 댓글을 달기도 하고, 체벌하는 교사를 경찰에 신고하기도 합니다. 이 아이들은 인터넷만 사용할 수 있다면 '모든 것을 알고 있다.'는 착각에 빠져 있습니다. 하지만 사실 본인이 알고 있는 것은 거의 없습니다. 검색 사이트가 차단되거나, 즐겨찾기 목록이 삭제된다면 이 아이들이 할 수 있는 것은 아무것도 없습니다. 하지만 아이들은 이 사실을 전혀 인정하지 않습니다.

그렇다면 요즘 아이들의 사춘기는 왜 이렇게 고약스러운 걸까요?

그 첫 번째 원인은 '대가족의 해체'입니다.

가족구성원이 감소하고, 맞벌이 가정이 늘어나면서 아이들에게 관심을 갖고 양육할 수 있는 가족이 사라지게 되었습니다. 단순히 양육의 문제를 넘어서 사회적 예절이나 삶의 지혜까지도 단절되어 버리는 현상이 발생합니다. 과거 대가족 속에서 자연스럽게 전수되던 가치를 이제는 더 이상 가르칠 수도, 배울 수도 없게 되었습니다.

두 번째 원인은 '정보화로 무장한 아이들'입니다.

컴퓨터와 스마트 기기의 보급으로 온라인 세상이 눈부시게 발전하고 있습니다. 게다가 아이들의 기기 활용 능력은 기성세대보다 월등합니다. 자연스럽게 인터넷의 주요 정보는 아이들이 먼저 선점하게 됩니다. 정보 권력을 차지한 아이들은 지금까지 어떤 세대도 가져 보지 않았던 독특한 경험을 하게 됩니다. 어른들보다 더 많은 정보를 독점하고 활용할 수 있는 힘을 가지게 된 것입니다. 지금 가정에서 스마트폰의 복잡한 세부 설정까지 자유자재로 다룰 수 있는 사람은 누군가요? 대부분 청소년들입니다.

부모와 자녀, 그 전쟁의 시작

"아니, 아들놈이 언제부턴가 말만 하면 '왜요, 왜요?' 하는데 미치겠어요."

아들이 중학교 2학년이 되었다는 한 아버지는 한숨을 쉬면서 말을 이어갑니다.

"이 녀석, 아침에 밥 먹자고 해도 '왜요? 다이어트 중인데요.' 학원에 다니라고 해도 '왜요? 아직 공부에 취미가 없어요.'라고 하는데, 아니 무슨 공부를 취미로 합니까? 답답해요."

중학생 아들을 둔 다른 어머니는 치를 떨면서 이런 이야기를 합니다.

"아들 이야기만 나오면 울화가 치밀어요. 도대체 학교에서 슬리퍼 가지고 뭐한데요? 아니 슬리퍼를 한 달을 못 신어요. 씹어 먹는 것도 아니고, 하루가 멀다 하고 슬리퍼 찢어졌다고 또 사달라고 해요. 좀 오래 신으라고 좋은 브랜드 사줘도 소용없어요. 이제는 슬리퍼 살 때 몇 개씩 더 사 놔요. 아주 스트레스 쌓여 죽겠어요."

비단 남자 아이만의 문제는 아닙니다. 중학생 딸을 둔 한 어머니는 이런 이야기를 들려줍니다.

"엄마 말이라면 무조건 반항부터 해요. 학원에서 공부하다 온 줄 알았는데, 친구들하고 노래방에 다녀왔데요. 그것도 당당하게 말해요. 한마디 하면 오히려 짜증을 내면서 방으로 들어가요. 화낼 사람이 누군데 말이죠. 또 신경질이란 신경질은 다 부려요. 이젠 집에서 얼굴 마주치기가 겁나요."

"아이 방에 들어가 보면 남자 연예인 사진으로 도배가 되어 있어요. 그리고 무슨 콘서트는 그렇게 돌아다니는지……. 문제집이랑 학원 교재 사야 한다고 하는데, 그 돈으로 다 콘서트 티켓 사는 것 같아요. 못하게 해 봤는데 말이 통해야죠. 그리고 저도 그렇고 남편도 직장생활 하느라 밤늦게 들어와 아이를 돌볼 시간이 없어요. 아이가 마음 못 잡고 공부 안 하는 게 어쩌면 우리 책임인 것 같아서 미안하기도 하고, 안쓰럽기도 하고 그래요. 그래서 연예인 좋아하고, 콘서트 가는 것 알면서도 크게 혼내지는 않아요. 만약에 돈 안 주면 어디 술집이나 이상한 데 가서 아르바이트 할 것 같아서요. 저도 속이 타들어가요. 지금 한창 공부할 땐데……, 당장 직장은 그만둘 수도 없고……"

최근 사춘기 아이와 부모와의 갈등은 이전 세대와는 다른 양상을 띠고 있습니다. 핵가족화와 맞벌이 가정의 영향으로 아이들이 가정에서 대화할 수 있는 사람이 사라졌습니다. 뿐만 아니라, 대화에 필요한 기본적인 방법과 예절마저도 교육받지 못하고 있습니다. 대가족 안에서 성장하는 아이들은 다양한 연령대의 가족과 수시로 대화를 하면서 사회적으로 필요한 대화기술을 자연스럽게 습득하게 됩니다.

하지만 요즘 아이들의 대화 상대는 또래 친구가 전부입니다. 대화법을 제대로 배우지 못한 아이들은 부모와의 커뮤니케이션도 서툽니다. 직접 대화하는 것이 어색하다고, 바로 옆에 있는 친구들과도 스마트폰으로 대화하는 것이 요즘 아이들입니다. 많은 청소년 문제는 소통이 되지 못해서 발생합니다. 지금 사춘기 아이와 부모의 갈등은 표면적으로는 대화의 미숙함 때문이고, 내면적으로는 외로움 때문입니다.

동상이몽 패밀리

어머니의 이야기

"엄마 말을 참 잘 듣던 아이였는데, 중학교에 들어가고 나서는 무언가 달라진 느낌이에요. 내 아들이 아닌 것 같아요. 사춘기니까 그러려니 하는데도 가끔 섬뜩할 때가 있어요. 목소리가 변하는 것도 낯설고, 아들 방에 청소하러 들어가면 '총각 냄새' 때문에 꼭 다른 청년이 사는 것 같아요. 어느 날은 집에 들어오는데 찡그린 얼굴로 막 짜증을 내요. 왜 그러냐고 물어도 대꾸도 안 하고, 자기 방문을 쾅! 하고 닫고 들어가 버려요. 그러더니 왜 허락 없이 자기 방을 청소했냐면서 심술을 부려요. 밥도 먹지 않고 말도 안 해요. 아이가 마음을 닫아 버릴까봐 말을 걸 수도 없어요. 어떻게 해야 하나요?"

아들의 이야기

"중학생이 된지 이제 1년이 넘었어요. 학교에서 과목별로 선생님이 바뀌는 것도 적응이 됐고, 친한 친구들도 많이 생겼어요. 공부할 것이 많아서 벅차기는 해도 아직은 참을 만해요. 요즘 고민거리가 하나 있어요. 집안 분위기가 이상해요. 엄마가 항상 무표정한 얼굴로 나만 보면 잔소리하려고 하는 것 같아요. 그래서 분위기가 안 좋아요. 마음이 불편해요. 그리고 엄마가 자꾸 내 책상을 뒤지는 것 같아서 기분이 상할 때가 한두 번이 아니에요. 나도 이제 어린애가 아니고 중학생인데. 우리 부모님은 아직도 유치원 어린아이 취급하는 것 같아요. 밥 먹을 때도 '이 반찬 맛있으니까 먹어 봐라, 저 반찬이 맛있으니 먹어 봐라.' 그러면서 사소한 것 하나 하나 간섭해요. 엄마 때문에 집에 들어가기가 싫어요. 밤에 학원 끝나면 집에 바로 가기 싫어서 친구들하고 놀이터에서 이야기하다 들어가기도 해요. 집에다는 그냥 도서관 끊었다고 하고……."

아버지의 이야기

"회사 다니다 보면 거의 매일같이 야근과 회식이잖아요. 그래서 아이들하고 시간을 보내기가 쉽지 않아요. 잘 아시잖아요? 그래도 요즘 트렌드가 '가정적인 아빠'라서 주말에는 제가 직접 아침밥 만들어서 애들한테 먹이고 있습니다. 그런데 우리 딸이……, 언제부턴가 거리감이 느껴지는 것 같아요. 어렸을 때는 아빠 품에도 그렇게 잘 안기고, 잘 웃고 하던 아이인데. 요즘에는 말도 잘 안 하고 집에서는 하루 종일 짜증만 내는 것 같아요. 이제 어린애가 아니라서 아빠의 입장에서 다가가기가 겁나요. 어렸을 때는 나만 보면 까르르 웃던 아이였는데……. 더 잘해 주려고 이것저것 챙겨 주는데, 그것마저도 마음에 안 드는 것 같아요. 화가 날 때도 있어요. 우리 딸 잘 먹이고, 잘 입히고, 학원비 마련하려고 야근이다 특근이다 해가며 밤늦게 들어오는 건데, 아빠가 고생하는 건 전혀 신경도 안 쓰고 알아주지도 않아요. 에휴~"

딸의 이야기

"우리 아빠요? 아빠가 궁금한 건 항상 성적이에요. 우리 아빠는 날마다 밤늦게 들어와요. 아빠한테서 술 냄새 나는 것도 싫은데 보자마자 '학교에서 공부 잘했어?'라고 해요. 솔직히 기분이 나빠요. 다른 친구들 아빠는 '우리 딸 고생했다.'고 위로해 준대요. 우리 아빠는 안 그래요. 만날 공부, 공부……. 그리고 제가 공부 마치고 TV 드라마를 막 보려고 하면 그때 아빠가 집에 들어와요. 그리고는 '왜 또 TV 보냐?'고 '공부는 언제 할 거냐?'고 간섭해요. 난 진짜 방금 TV 켰는데……. 억울해요. 짜증도 나고 대꾸도 하기 싫어서 방으로 들어가 그냥 스마트폰으로 TV를 봐요. 그러면 아빠는 또 대화하자고 귀찮게 방문을 두

드려요. 한창 드라마에서 재미있는 장면을 하는데 아빠 때문에 분위기 다 망쳐요. 이야기할 기분도 아니고 그냥 누워서 자요. 눈치 없는 우리 아빠, 너무 자식한테 집착하는 거 아닌가요? 자기가 내 남자친구도 아니면서……. 그래도 진심 내 이야기 들어주는 건 친구들밖에 없는 것 같아요."

사춘기 아이와
소통하기 위한 준비물

　조용한 연구소에 중학생 소녀 한 명이 어머니 손에 이끌려 들어옵니다. 방문하신 어머니는 우리 아이가 학교에서 무슨 일이 있는 것 같은데 도대체 말을 하지 않는다며 제발 무슨 일이 있는 건 아닌지 알아 봐 달라고 합니다. 어머니는 상담이 끝나면 아이를 데리러 오겠다고 하시고 휘리릭 나가셨습니다. 중학생 아이를 상담실로 데리고 왔습니다. 접시를 닮은 안락하고 폭신한 의자에 앉혔습니다. 간단히 소개를 하고 무슨 일이 있는지 혹시 이야기할 수 있는지 물었습니다.
　"……"
　아이는 그냥 고개를 가로저었습니다. 무척 피곤해 보이는 아이는 얼굴마저 어두웠습니다.
　"차 한 잔 할래? 딸기향 홍차랑 허브티 있는데, 어때?"

"……"

가만히 고개를 끄덕입니다. 차를 사이에 두고 한동안 마냥 앉아 있습니다.

어색하다기보다는 마음에 쉼표를 찍고 있는 듯한 아이의 모습에 가만히 피어오르는 차의 연기만 바라봅니다. 마침 이루마의 피아노곡이 흘러나오고 있었습니다. 그런데 갑자기 아이가 눈물을 또르르 흘리기 시작합니다. 그러더니 소리 없이 펑펑 울기 시작합니다. 어떤 음악의 코드가 그 아이의 감성을 건드린 것인지 모릅니다. 무엇이 저렇게 어린아이를 서럽게 만들었을까요? 한 시간이 다 되도록 울고만 있는 아이를 보고 있자니 제 가슴이 다 아리기 시작했습니다. 상담시간이 종료되고 아이는 어머니와 함께 집으로 돌아갔습니다. 일주일 후, 아이가 혼자 연구소를 방문했습니다. 한 시간 상담을 받고 싶다고 했습니다.

"차 한 잔 할래?"

"네……, 그때…… 딸기향……."

차에서 나오는 아지랑이를 사이에 두고 아이와 또 다시 앉았습니다. 차를 한 모금 마신 아이는 다시……, 또 울기 시작했습니다. 한 시간 동안. 제가 할 수 있는 일은 옆에 가만히 앉아서 티슈를 뽑아주는 것이었습니다. 눈이 붓도록 펑펑 울던 아이는 그렇게 다시 집으로 돌아갔습니다. 일주일이 지나고, 그 아이가 또 다시 왔습니다.

"차 한 잔 할래? 오늘도 딸기?"

"네……."

무표정하게 대답만 툭 내뱉은 아이는 또 다시 소파에 앉았습니다. 눈물이 다 말랐는지, 오늘은 가만히 소파에 쭈그려 앉아 시간만 보내고 있었습니다. 그때 뒤편 멀리서 보드게임을 하던 아이들의 목소리가 왁자지껄하게 들립니다. 상담을 하면서 보드게임, 장난감 등 다양한 도구를 사용하곤 하는데, 마침 다른 테이블에서 아이들과 상담선생님이 보드게임을 하고 있었습니다. 지금 앞에 앉아 있는 아이와 너무 대조적인 그들의 발랄한 모습이 인상적이었습니다. 그 아이들의 소리가 이 소녀의 호기심을 자극했는지, 소녀가 빠끔히 그 쪽을 바라봅니다. 아이들과 보드게임을 하던 상담선생님은 그 순간을 놓치지 않았습니다.

"이리 와서 같이 할래? 우리 한 사람만 더 있으면 재미있게 놀 수 있는데."

"……"

아이는 어색하게 고개를 끄덕였고, 보드게임 테이블로 자리를 옮겼습니다. 그 순간 이 아이의 고민을 해결할 수 있는 문이 열린 것입니다. 이 아이는 다른 또래의 친구들과 함께 보드게임을 하면서 자연스럽게 이야기를 시작했고, 고민을 털어놓게 되었습니다. 아이가 스스로 쌓아놓은 수많은 장벽 중 하나가 무너진 순간입니다.

어른들은 아이들과 대화하면서 '즉문즉답'을 요구합니다. 마치 컴퓨터나 계산기처럼 질문을 던지면 바로 대답하기를 원합니다. 하지만 특히 사춘기의 아이들은 즉시 답할 수 없는 수만 가지 심리적인 이유를 가지고 있습니다. 사춘기 아이와 대화를 원한다면 충분한 시간, 포근한 환경 그리고 아이가 믿고 터놓을 수 있도록 하는 신뢰감이 필수적입니다.

부모세대는 모르는
경악과 공포의 스토리

'아이들 고민이 뭐, 다 거기서 거기지.'

대부분의 어른들, 아니 불과 몇 년 전까지 제 자신도 이렇게 생각했습니다. 성적, 진로, 공부, 이성교제 등등 누구나 청소년기에 한번쯤 해보았음직한 것들입니다. 사춘기 아이들의 고민을 들어 보면 역시나 이런 평범한(?) 고민들이 많습니다.

"성적이 안 좋아요. 그런데 공부하기 싫어요."

"커서 뭘 해야 할지, 어떤 진로를 택해야 할지 모르겠어요."

그런데 사춘기 아이가 이런 고민을 한다면 차라리 다행입니다. 해가 갈수록 이런 고민들의 비중이 점차 줄어들고 있습니다. 대신 다른 '신종 고민'들이 등장하게 됩니다. 지금의 기성세대들이 어린 시절에는 꿈도 꾸지 못했던 경악과, 공포의 스토리가 아이들을 괴롭히는 것입니다.

"저는 아빠하고 나이 차이가 많이 나요."

보통 늦둥이 아이들은 부모의 관심을 많이 받고 자라는 것이 보통인데, 이 여학생은 유독 애정결핍에 힘들어 하고 있었습니다.

"선생님이 볼 때는……, 보통 아빠 하고 나이 차이가 많으면 사이가 더 좋던데?"

"아……, 친아빠가 아니에요."

이밖에도 부모의 이혼을 암시하는 아이들의 언행은 다양하게 나타납니다.

"어제 이모랑 동물원 갔다 왔어요."

"아현이한테 이모가 있었구나."

"어렸을 때는 고모였는데, 지금은 그냥 이모라고 부르래요."

학생들의 교육 현장에서도 이런 상황에 있는 아이들을 어렵지 않게 발견할 수 있습니다

"자, 여기 빈칸에 엄마 핸드폰 번호 적으세요."

"선생님, 엄마 없는 사람은 어떻게 해요?"

"그러면……, 보호자 핸드폰 번호 적으세요."

아이들의 고민은 더 이상 뻔하지 않습니다. 이혼이라는 가정의 붕괴는 사춘기 아이들이 감당하기에는 너무나 힘겨운 상황입니다. 부모의 이혼은 또 다른 문제를 파생시킵니다. 청소년들의 데이트 성폭력과 임

신, 낙태, 그리고 가출로 인한 가출팸 문제, 이로 인한 청소년 범죄의 빼놓을 수 없는 주요 원인이 바로 부모의 '이혼'입니다.

  사춘기는 아이들이 성장하면서 감정이입을 하게 되는 최초의 시기입니다. 그렇기 때문에 다른 아이의 고민을 함께 공유하기도 하고 함께 아파하는 성향을 보입니다. 한 아이의 고민이라고 마냥 방치할 수 없는 이유입니다.

고민, 종이비행기에
실어 날리다

'요즘 사춘기 아이들은 어떤 고민을 가지고 있을까?'

학교에서 강연을 하다가 아이들의 고민을 받아보기로 했습니다. 다양한 방법을 고민하다가 학생들에게 종이를 나눠주고 각자의 고민을 적도록 했습니다.

"여러분, 모두 종이 한 장씩 받았나요? 그럼 이 종이에 자기를 괴롭히는 고민을 작성해 보세요. 고민이 여러 가지가 있다면 모두 적어주세요."

처음에는 머뭇거리던 아이들이 이내 쓱쓱 고민을 적어 내려갑니다. 한두 줄 적고 옆 친구와 담소를 나누는 학생이 있는가 하면, 어린 나이에 가슴에 쌓인 게 뭐가 그리 많은지 종이에 한가득 사연을 적어 내려가는 아이도 있습니다.

아이들이 고민을 적는 동안 동영상 한 편을 보여 주었습니다. '돌아온 군인'이라는 제목으로 유튜브에 공개된 영상입니다. 잔잔한 배경음악과 함께 해외 파병을 마치고 미국으로 복귀한 군인들의 모습을 모아서 편집한 영상입니다. 미군들은 해외 파병 후 자국으로 복귀하면 가장 먼저 어디로 갈까요? 그들은 서슴없이 아이들의 학교를 택한다고 합니다. 아이들이 수업 받고 있는 학교에 몰래 찾아가서 '서프라이즈 파티'를 해 주기도 합니다. 오랜만에 보는 아버지의 모습에 눈시울을 붉히면서 아버지 품에 안기는 미국 청소년 아이들의 모습이 수십여 컷 담긴 단순한 영상입니다. 그런데 고민을 적던 아이들이 하나둘 영상에 빠져들기 시작합니다. 여기저기서 겉으로는 웃고 있지만 가슴으로 울고 있는 아이들이 보입니다. 큰소리로 박장대소 하면서 웃는 것도 '힐링'이지만 답답한 마음에 우는 것도 분명 마음을 정화시켜 줍니다. 이내 고민 적는 시간이 끝났습니다.

"여러분의 고민을 적은 종이로 비행기를 접어 보세요."
아이들이 웅성웅성합니다.
"선생님! 종이비행기 어떻게 접어요?"
놀랍게도 종이비행기를 접지 못하는 아이들도 있습니다. 요즘 아이들은 종이비행기를 접을 여유조차 없는 것 아닐까요? 친구의 도움을 받아 모두 종이비행기를 접었습니다. 아이들의 눈망울이 초롱초롱해집니다. 이제 종이비행기를 날릴 시간. 하나, 둘, 셋! 구령에 맞추어 일제히 단상을 향해 종이비행기를 날렸고, 수많은 고민과 괴로움이 비처럼 쏟아져 내렸습니다. 강의를 마치고 모든 종이비행기를 수거했습니다. 장난삼아 적어 낸 낙서도 있었지만, 진솔하게 자신의 고민을 적어 낸 아이들이 훨씬 더 많았습니다. 쪽지의 내용은 아이들을 괴롭히는 다양한 고민이지만 어쩌면 그들이 가장 숨기고 싶어 하는 아픈 부분일지도 모릅니다.

500장이 넘는 아이들의 고민을 한아름 안고 사무실로 돌아왔습니다. 아이들의 고민을 한 장 한 장 읽으면서 가슴이 참으로 먹먹해졌습니다. 아이들의 고민은 그들만의 고민이 아니었습니다. 공부? 성적? 진로? 이런 고민은 차라리 다행입니다. 불안정한 가정환경, 무관심한 부모, 폭력적인 아버지, 지나치게 집착하는 어머니, 비행 청소년이 되어 버린 동생 이야기 등 뉴스나 막장 드라마 속에서 본 이야기들이 바로 내 손 안에서 펼쳐지고 있었습니다.

'아니, 이 아이들 뭐지? 겉으로는 그렇게 철없어 보이고 마냥 즐거워 보이던데……. 왜 이렇게 가슴에 큰 상처를 품고 있는 거야?'

학교 강연을 다닐 때마다 아이들의 고민을 종이비행기로 날리는 퍼포먼스를 했습니다. 그렇게 모인 아이들의 고민이 어느덧 2만 건을 넘었고, 지금도 계속 늘어가고 있습니다. 초등학교, 중학교, 실업계 고등학교, 인문계 고등학교, 특수목적 고등학교 등등 학교의 특성에 따라 아이들의 고민도 조금씩 다르게 나타났습니다. 그리고 아이들의 고민에서 일종의 패턴과 공통점을 찾아볼 수도 있었습니다.

어떻게 하면 이 아이들의 고민을 해결할 수 있을까? 분명 혼자 이 문제를 해결하기엔 어려움이 많았습니다. 인터넷에 작은 공간을 만들어 아이들의 고민을 익명으로 게시하였습니다. 그리고 청소년에게 도움을 줄 수 있는 사람들을 모았습니다. '과연 나 같은 사람들이 또 있을까?'란 의문은 기우였습니다. 교수, 정치인, 기업가, 가정주부, 변호사, 간호사, 보건교사, 대학생 등 수많은 분들이 도움을 주기 시작했고 아이들의 고민에 전문가들의 답글이 한 줄 한 줄 달리기 시작했습니다. 집단지성이 드디어 청소년의 고민을 해결하고자 첫발을 내디딘 것입니다.

2장

사춘기 아이와 대화하는 법

많은 부모님들이 '아이들이 부모의 입장을 조금이라도 이해해 주었으면 좋겠다.'고 말합니다. 그런데 불가능합니다. 아이들은 부모의 역할을 경험해 본 적이 없었기 때문입니다. 하지만 반대의 경우는 가능합니다. 모든 부모는 사춘기를 경험했기 때문입니다.

엄마들의 흔한 대화법 :
넌 누구 닮아 그 모양이니?

아무리 세상이 변해도 아이들이 가장 믿고 따르는 사람을 딱 한 명만 꼽아 보라면 당연히 '엄마'일 것입니다. 아이들에게 젖을 주는 '엄마'의 존재는 생존과 직접적인 관련이 있기 때문입니다. 다른 동물과 다르게 사람은 약 20여년 간의 양육기간이 필요합니다. 바꾸어 말하면 어머니에 대한 의존성이 그만큼 길다는 뜻이기도 합니다. 이렇게 신과 같은 존재인 엄마이지만, 아이들은 이런 '엄마의 말'을 가장 듣기 싫어 합니다.

"넌 누구 닮아서 그 모양이니?"
"엄마 말 안 들려?"
"넌 이것도 못해?"
"그렇게 쉬운 것도 몰라?"

"엄마는 화내고 싶어서 화내는 줄 아니?"
"공부 안 할래? 너 엄마 죽는 꼴 보고 싶니?"
"넌 커서 뭐가 되려고 그러니?"

어머니들이 흔하게 사용하는 말에는 공통점이 있습니다. 대부분 물음표가 붙어 있는 질문입니다. 질문은 굉장한 힘을 내포하고 있습니다. 한창 수업이 진행 중인 교실에서 어떤 학생이 손을 번쩍 들고 선생님께 질문을 하는 장면을 상상해 보면 쉽게 이해할 수 있습니다. "선생님! 질문 있어요!" 그 순간 수업은 중단이 되고 모든 사람들은 질문하는 학생을 주목합니다. 우리는 잘 인지하지 못하고 있지만 질문은 권력과 다름없는 강력한 도구 중 하나입니다. 아무리 당당한 사람이라도 청문회 자리에서 만큼은 식은땀을 줄줄 흘리는 이유가 그것입니다.

게다가 위와 같은 엄마의 말은 '대답을 요구하지 않는 질문'입니다. 청소년들이 듣기 싫어하는 '엄마의 말'은 모두 질문 형식을 띄고 있지만 철저하게 대답을 할 수 없게 만들어진 질문입니다. 이런 질문에 대답을 하면 상황이 굉장히 어색해집니다.

"넌 누구 닮아서 그 모양이니?"
"엄마요."

"넌 이것도 못해?"
"네."

물론 아이들도 이런 상황에서 대답을 하면 어색하다는 것을 충분히 알고 있습니다. 그래서 대답은 하지 못한 채 정신적인 억압상태에 놓이게 됩니다. 이렇게 대답을 요구하지 않는 질문을 계속 던지면서 대화를 일방적으로 주도하는 것은 대표적인 '폭력적인 대화법'입니다.

아이들의 가슴에 못을 박는 것은 어려운 상황이나 환경이 아니라 어머니의 말 한마디일 수 있습니다. 아이들은 성장하면서 다양한 경험을 하게 됩니다. 고통과 비난을 받기도 하고 난관을 극복하는 경험을 하기도 합니다. 아이들은 배움의 과정에서 세상을 살아간다는 것이 만만하지 않다는 점을 자연스럽게 체득하게 됩니다. 이런 험한 세상에서 우리 아이가 잘 자랄 수 있도록 어려서부터 스파르타식 교육을 강요할 필요는 없습니다. 약육강식의 세상에서 살아가야 할 아이들에게 최소한 어머니 품만은 따뜻한 곳으로 남아 있어야 합니다. 폭력적인 대화보다는 사랑과 배려의 대화로 아이들이 쉴 수 있도록 해주어야 합니다. 아이들에게 '엄마'는 모든 것을 포용해 주는 유일한 보금자리입니다.

아빠들의 흔한 대화법 :
들어가서 공부나 해!

아이들이 가장 대화하기 싫어하는 대상 중 한 명은 '아버지'입니다.

최근에는 예쁜 카페에서 딸과 데이트하듯 정겹게 이야기하는 세련된 아버지도 보이지만, 아직까지도 많은 아이들이 아버지와의 대화를 꺼리고 있습니다. 아버지 입장에서는 분통 터질 일이 아닐 수 없습니다. 아이들이 대화를 꺼리는 이유는 무엇일까요?

"야! 이리 와. 앉아 봐! 너 성적이 이게 뭐냐?"
"아빠……, 그게 아니고……."
"내가 너 이렇게 공부하라고 뼈 빠지게 돈 벌어 오는 줄 알아? 정신이 있는 거야, 없는 거야?"
"……"

"넌 커서 뭐가 되려고 그래? 꼴도 보기 싫으니까 방에 들어가서 공부나 해!"
"……"

아이들이 아버지와 대화하기 싫어하는 이유는 '아빠의 대화법' 때문입니다. '아빠의 대화법'이라는 것은 쉽게 풀어 이야기하면, 직장에서 사용하는 수직적인 의사소통 방법을 그대로 아이들에게 적용하는 것입니다. 그렇기 때문에 아버지의 대화는 대부분 일방적이고 강압적입니다.

"도대체 왜 그렇게 생각하냐? 왜 그렇게 생각하는지, 나를 한번 설득해 봐라!"
"넌 부족한 게 뭐냐? 해 달라는 대로 다 해줬는데 왜 그러냐?"
"내가 널 그렇게 가르쳤냐?"

아버지의 말투는 지시, 명령, 훈계가 대부분입니다. 그렇기 때문에 아이들 입장에서는 두려운 마음에 거리를 둘 수밖에 없습니다. 겉으로는 아빠와 친하게 지내고 있지만 속으로는 담을 쌓고 있는 아이들도 많습니다. 아빠와 손잡는 것조차 꺼려하는 여자아이들은 특히 '아버지 공포증'이 기저에 깔려 있는 경우가 다반사입니다. 아버지의 폭력적인 행동이나 큰 목소리 그리고 강압적인 대화가 누적된 결과입니다. 수십 년 직장생활이 몸에 배인 아버지 입장에서는 억울할 수도 있습니다.

언어습관이라는 것이 하루아침에 바뀌는 것이 아니기 때문입니다.

그렇다고 대화에서 아버지를 배제할 수는 없습니다. 아이들은 분명 아버지와의 대화에서 배우는 것들이 많습니다. 아이들은 대부분 아버지에게서 사회생활의 패턴을 배웁니다. 아버지의 언어나 행동이 거칠다면 자연스럽게 아이의 사회생활 방식도 거칠어지게 되고, 아버지의 언어와 행동이 부드럽다면 아이들도 아버지의 그것을 그대로 닮습니다.

폭력적인 아버지에게 고통 받던 아이가 똑같이 폭력적인 어른으로 성장하는 것을 어렵지 않게 볼 수 있습니다. 사실 아이의 왕따 문제는 아버지의 생활방식과 밀접한 관련이 있습니다. 학교에서 '집단따돌림'을 당한 아이들을 보면 편모 가정이거나, 아버지가 알코올 중독자이거나, 폭력적인 가정도 상당수 존재합니다. 잘못된 의사소통 방법을 사용해 다른 아이들과 멀어지는 것이 집단따돌림을 당하는 근본 원인 중 하나입니다.

그러면 아버지들은 아이들에게 어떤 모습을 보이고 어떤 대화법을 사용해야 할까요?

먼저 아버지는 자녀를 '나만의 아이'나 '회사의 부하 직원'으로 인식하는 것부터 바로잡아야 합니다. 자녀가 초등학생 이하의 어린이라면 '나만의 아이'라고 생각하고 지시, 훈계하는 것은 괜찮습니다. 하지만 중학교에 입학하면 '나만의 아이'가 아닌 '사회의 구성원'으로 대접을 해 줘야 합니다. 지시와 훈계보다 질문을 더 많이 해야 합니다. 아이가 집에서 하루 종일 TV를 보고 있다면 "TV 그만 보고 공부해!"라는 말은 더 이상 중학생에게 사용하면 안 됩니다. 대신 "지금 어떤 프로그램 보고 있니? 주인공은 누구니? 재미있니? 아빠는 지금 도서관 갈 건데 같이 갈까?"라고 질문을 던지고 아이 스스로 생각할 기회를 제공해야 합니다. 이런 대화 방법을 배운 아이들은 친구들에게 똑같이 행동합니다. 친구들에게 강압적인 행동을 취하지 않고 그들의 이야기를 경청하고 이해하려는 행동을 취합니다. 이런 아이들은 친구들 사이에서 집단 따돌림을 당하지 않습니다.

대체적으로 아이들은 아버지의 태도와 행동을 유심히 관찰하고 기억하는 경향이 있습니다. 그리고 이런 기억이 성인이 되어 사회생활을 할 경우 다시 되살아나 아버지의 행동을 반복하게 됩니다. 폭력적이고 강압적인 아버지 밑에서 자랐다면, 사회생활을 할 때도 그런 태도를 취합니다. '폭력은 대물림 된다.'는 말도 이와 같은 원리일 것입니다. 그렇기에 무엇보다 '바른 아버지'의 모습을 갖추는 것이 필요합니다. 자녀와 친해지려고 등산을 하거나 캠핑을 하는 아버지들이 늘어나고 있습니다. 물론 좋은 영향을 미치겠지만, '바른 아버지'의 모습을 보여주는 것이 우선임을 잊어서는 안 됩니다.

선생님들의 흔한 대화법 : 나는 선생이고 너는 학생이야

고민을 상담하는 사춘기 아이들은 간혹 학교에 계시는 좋은 선생님에 대해서 이야기를 들려 주기도 합니다. 아이들의 이야기를 종합해 보면 '좋은 선생님'에겐 몇 가지 공통점이 있습니다.

첫 번째, 권위의식은 없지만 기본적인 예절만큼은 철저히 지키도록 하는 선생님입니다.

초임교사들의 실수 중 하나는 아이들과 격식 없이 지내고자 친구처럼 행동하는 것입니다. 이는 '권위의식'과 '격식'을 착각하기 때문에 발생하는 현상입니다. 선생님으로서의 교육적 권위와 최소한의 격식은 유지해야 합니다. 그렇지 않으면 아이들이 오히려 선생님에게 실망한다고 입을 모았습니다. 선생님을 본보기로 삼고, 배울 점을 찾는 아이들의 입장에서 '친구 같은 선생님'은 다른 또래친구와 별반 다르지 않기 때문입니다. 그래서 아이들은 친구 같은 선생님을 '좋은 선생님'이라고 하지 않고 오히려 '나잇값 하지 못하는 선생님'이라고 생각합니다.

'나는 선생님이고 너는 학생이니까 이렇게 해야 해!'라고 선을 긋는 것이 권위의식과 격식을 모두 내세우는 태도라면, '나는 너희들을 위해서 일하는 사람이다. 언제든지 도움을 주겠다.'는 자세는 권위의식은 없지만 격식은 갖춘 태도입니다. 아이들은 이런 차이를 금세 알아챕니다. 아이들은 이렇게 격식과 예의를 강조하는 선생님을 오히려 존경한다고 합니다.

두 번째, 원칙을 어기지 않는 선생님의 태도입니다.
아이들은 사소한 약속도 반드시 지키는 선생님의 모습을 보면 존경심이 생긴다고 합니다. 지키지도 못할 약속을 무분별하게 남발하는 선생님, 그리고 계속 '예외'를 만들어 내는 선생님을 보았을 때 아이들의 신뢰는 와르르 무너집니다.

세 번째, 관심과 칭찬을 아끼지 않는 선생님입니다.
상당수의 선생님들은 아이들의 성적이나 성취에만 관심을 보이고, 결과가 좋을 경우에만 칭찬을 합니다. 아이들은 '사소한 칭찬'이라도 자주 해 주는 선생님을 믿고 따릅니다. 밝은 표정이나 예의바른 행동뿐만 아니라 일상에서 칭찬할 요소를 끊임없이 찾는 선생님을 아이들은 알고 있습니다.

네 번째, 잘못한 일이 있다면 솔직하게 인정하고 사과할 줄 아는 선생님입니다.

잘못에 대해서 사과한다는 것은 도덕적으로 당연하고 자연스러운 일입니다. 그리고 우리는 '인간'이기에 당연히 실수도 할 수 있고, 뜻하지 않게 잘못을 저지를 수도 있습니다. 그런데 중요한 점은 잘못을 인정하고 사과하는 것입니다. 아이들은 선생님이 잘못한 일에 대해서 사과하는 모습이 너무 멋지다고 입을 모읍니다. 사과하는 것이, 특히 권위가 높은 사람이 그보다 낮은 사람을 대상으로 사과한다는 것이 쉽지 않다는 것을 아이들도 잘 알고 있기 때문입니다.

저는 일하면서 다양한 학교를 방문합니다. 수원의 한 초등학교를 방문했을 때의 일입니다. 약속시간이 마침 저학년 하교시간과 겹쳐서 아이들의 하교가 끝날 때까지 운동장 벤치에서 기다리기로 했습니다. 초등학교 1, 2학년 어린이들이 쏟아져 나왔습니다. 그런데 몇몇 아이들이 현관에 옹기종기 모여 집에 가지 않고 무엇인가 기다리고 있는 듯했습니다. 그때 젊은 여선생님이 나왔습니다. 아이들은 자연스럽게 선생님 앞에 하나둘 모였습니다. 훤칠한 키의 그 여선생님은 쪼그려 앉더니, 초등 1학년 조그마한 아이들과 눈을 맞추며 한 명 한 명 안아주고 "오늘도 고마워요~ 잘 가요."라고 인사해 주었습니다. 선생님의 따뜻한 포옹을 받은 아이들은 그제야 집으로 달려갔습니다. 아직 선생님과 포옹하지 않는 아이들은 먹이를 기다리는 둥지의 아기 새 마냥, 계속 선생님의 손길을 기다리고 있었습니다. '와~ 이 아이들은 정말 행복한 아이들이구나. 이 아이들은 선생님의 관심과 사랑을 가슴으로 느낄 수 있겠구나.' 그 장면을 보는 순간 본능적으로 알 수 있었습니다. 그 젊은 여선생님이 너무 대단해 보였습니다. 그 장면을 보면서 제가 오히려 그 선생님에 대한 존경심이 들었습니다. 교사의 권위와 존경은 법이나 규제로 만들어지는 것이 아니라, 아이들을 따뜻하게 감싸는 마음과 행동으로 만들어지는 것임을 눈으로 직접 확인할 수 있었던 계기였습니다.

04
기꺼이 무릎을 꿇어라

아이들과 대화할 때, 어른들이 가장 먼저 해야 할 일이 있습니다.

공원에 근심 가득한 표정을 하고 있는 어린아이가 서 있습니다. 말끔한 인상의 성인 여성이 아이에게 다가갑니다. 그 여성은 아이 앞에 무릎을 꿇고 앉아서 눈을 맞추고 인사합니다.

"안녕! 나는 상담사 세라 아줌마란다. 아줌마는 너 같이 어린 아이들의 이야기를 들어주는 일을 하고 있단다. 오늘은 네 이야기를 듣고 싶구나. 이야기해 줄 수 있겠니?"

미국 드라마나 영화에서 어렵지 않게 볼 수 있는 장면입니다. 어른이 아이와 대화를 할 때 가장 먼저 해야 할 행동은 '아이컨택eye contact'입니다. 눈을 맞춘 다음 이야기를 시작하는 것이 상대방에 대한 예의입니다. 지금 우리는 어떤가요? 아이들의 눈높이에 맞춰서 '아이컨택'

을 하고 이야기하는 어른들이 몇이나 될까요? 대부분의 어른들은 꼿꼿하게 서서 아이들을 내려다보며 이야기합니다. 이런 자세 때문에 지시형 말투가 나오는 게 아닐까요? 시선의 높낮이는 우리 생각보다 훨씬 많은 것을 내포하고 있습니다. 단지 눈높이만으로도 권력과 권위를 드러낼 수 있습니다.

눈높이는 종종 생각의 차이를 만들어 내기도 합니다. 한 아버지가 유치원에 다니는 아이들을 눈꽃축제에 데려갔다고 합니다. 많은 사람들로 붐비는 축제의 현장은 얼음 작품이나 눈을 응용한 마술쇼 등 화려한 볼거리로 가득했습니다. 아버지도 오랫만에 동심으로 돌아가 즐거운 시간을 보냈습니다. 하지만 한참을 계속 걸어 다닌 탓인지 아이가 칭얼대기 시작했습니다. 아버지는 축제를 조금 더 만끽하고 싶었지만 아이가 계속 투정을 부리는 바람에 기분을 망쳤습니다. 그리고 아이에게 왜 이렇게 신기한 것이 많은데 칭얼대냐고 물었습니다. 소란한 탓에 아이의 목소리가 잘 들리지 않자, 아버지는 허리를 숙여 아이에게 귀를 가져다 댔습니다. 그 순간 깨달았습니다. 아이의 눈높이에서 보이는 것은 화려한 볼거리가 아니라 어른들의 엉덩이뿐이라는 것을. 아이의 눈높이에서 세상을 보면 사뭇 다른 풍경이 펼쳐지기도 합니다.

아이와 눈높이를 맞추는 방법은 두 가지입니다.
본인이 몸을 낮추는 방법과 아이를 높은 곳으로 올려서 눈을 맞추는 방법입니다. 물리적인 눈높이뿐만 아니라 심리적인 눈높이를 맞추는 것도 필요합니다. 많은 부모님들이 '아이들이 부모의 입장을 조금이라도 이해해 줬으면 좋겠다.'고 말합니다. 그런데 불가능합니다. 아이들은 부모의 역할을 경험해 본 적이 없기 때문입니다. 하지만 반대의 경우는 가능합니다. 모든 부모는 어린 시절을 경험했기 때문입니다.

너무 많은 시간이 지났고 사회적 환경이 많이 달라져서 망각하고 있었지만, 부모 역시 분명히 아이의 눈높이에서 세상을 바라보았던 경험이 있습니다. 그래서 부모가 아이의 마음을 이해하는 것은 가능합니다. 아이와 이야기할 때는 아이의 입장에 자신을 그저 던져 놓는 것이 눈높이를 맞추는 좋은 방법입니다. 이야기할 때만이라도 아이의 또래 친구가 되어 주세요. 정신연령이 낮아져도 괜찮습니다. 권력자에게 무릎을 꿇는다면 비난 받을지 모르지만, 자녀와 대화하기 위해 무릎을 꿇는 것은 분명히 존경 받을 일입니다.

계급장 떼고 먼저 인사하라

어느 나라를 막론하고 군대는 위계서열의 상징이라 할 수 있습니다. 군대에서는 계급이 낮은 사람이 계급이 높은 사람을 보면 먼저 경례를 합니다. 그래서 아랫사람이 경례를 '하고', 그 경례를 윗사람이 '받는다.'고 표현합니다. 국군의 날 방송되는 제식 장면을 보면, 말단 사병이 먼저 경례를 하면 중간 간부가 이어 경례를 하고 최종적으로 지휘관이 그들의 경례에 답하는 장면을 볼 수 있습니다. 군대뿐만 아니라 사회에서도 마찬가지입니다. 후배가 선배에게 먼저 인사를 하고, 사원이 관리자에게 먼저 인사를 하는 모습은 전혀 낯설지 않습니다.

제가 근무했던 부대에 새로운 '지휘관'이 오셨습니다. 지휘관은 학교에 비유하면 '교장선생님'과 같은 존재입니다. 그 부대에서 가장 높은 사람을 칭합니다. 그런데 이 지휘관은 사병들을 보면 먼저 경례를 하는 것입니다. 군대를 경험해 본 남자들은 이게 얼마나 비정상적인 상황인지 쉽게 이해하실 수 있을 것입니다. 처음에는 장교, 사병 할 것 없이 먼저 경례하는 지휘관 때문에 난감해 했습니다. 규율과 계급, 서열을 목숨보다 중요하게 여기는 군대조직에서 이런 일은 쉽게 납득이 되지 않습니다. 먼저 경례하는 별난 지휘관은 다른 사병들 사이에서 뒷담화의 대상이 되기도 했습니다. 더 이해할 수 없는 일은 추석 연휴에 일어났습니다. 명절을 맞이해 장교들은 지휘관에게 명절 선물을 준비했습니다. 선물을 본 지휘관은 크게 화를 내면서 선물을 가져온 장교들을 나무랐습니다.

"나한테 이런 거 사 줄 여유 있으면 너희 자식들 먼저 챙겨! 너희 팀, 너희 조직 말단사병부터 챙기라고!"

어느 한가로운 일요일 오후, 신입 통신장교가 사비를 털어 통신과 소속 사병 5명에게 자장면을 사준 적이 있었습니다. 그런데 다른 팀 장교들의 우려 섞인 조언이 이어졌습니다. 군대에서 지휘관의 허락 없이 사적으로 외부 음식을 사주는 것은 철저하게 금지된 일이었기 때문입니다. 이 소문은 부대 전체에 퍼졌고, 곧이어 지휘관도 이 사실을 알게 되었습니다. 그 즉시 전원집합 명령이 떨어졌습니다. 신입 통신장교는 공포에 떨었고, 다른 장교와 사병 모두 걱정 어린 시선으로 그를 바라보았습니다. 지휘관은 모두가 보는 앞에서 신입 통신장교를 큰 소리로 불러내었습니다.

"이야~! 우리 통신장교! 잘했다! 잘했어! 좋아!"

그는 통신장교의 어깨를 두드리며, 크게 칭찬하기 시작했습니다. 부대원 모두는 입을 벌리고 그 장면을 바라보고만 있었습니다. 지휘관은 활짝 웃으면서 모두에게 타이르듯 이야기하기 시작했습니다.

"난 오늘 너무 기분이 좋다. 통신장교……. 이놈이 진짜 좋은 일을 했어. 너희들도 항상 너희 아랫사람을 잘 챙겨야 돼. 그래야 진짜 멋진 사람이 되는 거야. 나는 너희들이 고마워. 군대에 오고 싶어서 온 놈은 몇 명 안 되겠지만, 그래도 나라를 위해서 이렇게 와 주었잖아. 이게 얼마나 고맙고 감사한 일이냐? 고마우니까 내가 먼저 경례하는 거야. 군대에서 고개 숙여서 인사할 수는 없잖아. 경례해야지. 내 핸드폰 배경화면이 뭔지 알아?"

지휘관은 주섬주섬 휴대폰을 꺼내 화면에 적힌 글자를 모두에게 보여 주었습니다. 낡은 폴더형 휴대폰의 작은 액정화면에는 "사랑과 배려"라는 글자가 빛나고 있었습니다. '기이하고 이해할 수 없는 지휘관'은 어느새 '인간미 넘치고 소탈한 인생 선배'가 되어 있었습니다. 그 후로 부대엔 많은 변화가 일어났습니다. 자신의 소속 병사를 챙기는 장교가 많아졌고, 자연스럽게 팀워크가 향상되었습니다. 훈련 결과도 눈에 띄게 좋아졌고, 새로 전입한 이등병들의 부대 적응도 빨라졌습니다. 지휘관의 경례에는 사람에 대한 배려가 담겨 있었고, 이 사소한 행동 하나로 한 부대의 실력이 향상되고 멤버십 또한 좋아지게 된 것입니다.

우리는 별 고민 없이 인사는 항상 아랫사람이 먼저 하는 것이라고 생각합니다. 그런데 사실 인사예절에서 반드시 아랫사람이 먼저 해야 하다는 법칙이나 규칙이 있는 것이 아닙니다. 상대방을 먼저 보았거나, 뜻이 있는 사람이 인사를 먼저 하는 것이 당연합니다. 놀이터에서 혹은 골목길에서 아이들이 어른에게 인사하지 않는다는 이유로 '인사성이 없다'면서 버릇없는 아이로 취급하기도 합니다. 하지만 인사를 하라고 강요하기 이전에 어른이 먼저 인사를 건네는 것은 어떨까요? '명령하고 훈계하는 어른'보다 '먼저 인사를 건네는 어른'이 훨씬 여유롭고 매너 있는 사람이라는 것은 너무 당연한 사실 아닌가요?

아이들아, 부모도 고민이 있단다

적지 않은 부모님들이 사춘기 자녀와 대화하는 것에 두려움을 느끼고 있다고 합니다. 표면적으로는 '아이가 말을 들으려 하지 않는다.'고 하지만 사실 어른들이 제대로 된 대화방법을 사용하지 않아 사춘기 아이들의 민감한 마음에 상처를 내는 경우가 흔합니다.

"우리 아이는 내 말을 아예 들으려고 하지도 않아요. 말 좀 하려고 하면 자기 방으로 들어가 버리고, 아니면 짜증내고……. 아이고, 그냥 내가 말 안 하고 말지. 그 놈의 사춘기 지나갈 동안, 내가 도 닦는다고 생각하고 살랍니다."

사춘기 아이들에게 '도대체 왜 부모와 대화하는 것이 싫은지' 물어보았습니다. 아이들의 대답은 어른들의 주장과 사뭇 상반됩니다.

"엄마랑 대화요? 짜증나요. 말도 안 통하고, 무슨 얘기만 하면 말도

다 안 끝났는데 잔소리하고……. 우리 엄마는 저를 포기했다고 하는데, 저는 엄마를 포기했어요."

성인이 되면 상대방의 표정이나 목소리의 변화, 행동 등을 보고 그 사람이 '어떤 상황에 있는지?', '어떤 기분인지?'를 어렵지 않게 알아챌 수 있습니다. 하지만 사춘기 아이들은 아직 이런 능력이 완벽하지 못합니다. 그래서 사춘기 아이들은 어른들의 표정을 보아도 기분이 좋은지, 화가 났는지 잘 알지 못합니다.

"너 또 팔뚝에 낙서했니? 여자애가 지저분하게 그게 뭐니? 도대체 몇 번을 말해야 해! 당장 안 지워? 넌 어떻게 그렇게 눈치를 줘도 못 알아채니?"

특히 사춘기 아이들에게 표정으로 말하거나 눈치를 주는 행동은 아이들 입장에서는 알아차리기 힘듭니다. 그렇기 때문에 사춘기 아이들과 이야기할 때는 어른들이 먼저 본인의 기분을 알려주는 것이 대화를 유지하는데 큰 도움이 됩니다.

"우리 딸, 전에 엄마랑 약속한 것 기억나니? 앞으로는 팔에 사인펜으로 낙서 안 하기로 했지? 그런데 또 낙서한 게 보이네? 그래서 지금 엄마 기분이 별로 안 좋은데, 이야기 좀 할 수 있을까?"

위와 같이 직접적으로 부모의 감정을 표현하는 것이 더 좋습니다.

아이와 대화할 때 부모가 먼저 이야기를 꺼내는 것을 권장합니다. 특히 고민에 민감하고, 감정이입을 쉽게 경험하는 아이들에게는 부모가 먼저 고민을 이야기하고 함께 해결방법을 찾아보자고 하는 것이 좋습니다.

"아들, 겨울에 검은색 점퍼 사 달라고 했지?"

"네, 아웃도어 브랜드로……."

"그 점퍼 때문에 엄마 아빠가 고민이 많단다."

"네?"

"그 옷 가격이 얼마라고 했지?"

"70만 원이요."

"응, 그래. 엄마 아빠가 이번 달 가계부를 따져 봤는데, 그 정도 지출을 하기가 힘들 것 같구나."

"어휴, 그럼 어떡해요? 약속했잖아요."

"약속했는데 못 지켜서 미안하다. 그래도 우리 아들 옷 사 주려고, 엄마는 미용실 안 가고, 아빠는 점심 도시락 싸 가지고 다니셨잖아. 그렇게 모았는데도 20만 원밖에 안 되네. 그래서 어떻게 해야 할지 네 생각을 들어 보고 싶어."

"그럼 관두세요. 어차피 별로 입을 일도 없고, 요즘 애들 그 점퍼 잘 안 입어요."

악마 선생님이 존경 받는 이유

'천사와 악마의 대화법'은 'Good cop-Bad cop routine당근과 채찍 양면책'으로 수사기관에서 용의자를 취조할 때 자주 사용하는 방법이지만, 교육 심리적인 측면에서도 매우 유용합니다. 교육현장에서는 어떤 선생님이 악한 역할을 맡아 질서와 규율을 잡는다면, 다른 선생님은 천사의 이미지로 아이들의 마음을 돌봐 주면서 전체적인 질서를 유지하는 원리를 말합니다. 가정에서도 이와 비슷한 방법을 사용할 수 있습니다. 아버지가 훈계한다면 어머니는 일부러 아이 편을 들어 줘야 하고, 어머니가 아이를 혼내는 상황이라면 아버지가 아이의 마음을 위로해야 합니다. 그렇게 균형을 맞추어야 아이가 일탈하지 않고 바르게 성장할 수 있습니다. 아이가 마음을 기댈 공간을 일부러 만들어 주는 것이 반드시 필요합니다. 궁지에 몰린 쥐는 고양이를 물게 마련입니다. 부모가 동시에 아이를 몰아세우면 아이가 어떻게 돌변할지는 아이 자신도 모릅니다.

초등학생들이 약 일주일 동안 합숙하면서 영어를 배우는 캠프에서 있었던 일입니다. 이곳에서 저는 아이들에게 '무서운 악마선생님'으로 통했습니다. 아이들의 규율과 안전을 위해 일부로 엄한 역할을 맡았던 것입니다. 대부분의 아이들은 저와 눈도 마주치지 않으려고 했습니다. 그런데 어떤 여자아이가 저를 보면서 이렇게 말했습니다.

"선생님은 참 좋은 사람 같아요."

의아했습니다. '좋은 사람이라니? 듣기 싫은 잔소리에 혼내기만 하는 악마선생님한테…….'

"왜 그렇게 생각하니? 다른 친구들은 나를 악마선생님이라고 부르던데."

"크크, 악마선생님이 맞긴 한데……, 선생님은 우리들하고 한 약속은 꼭 지키잖아요."

입소 첫날. 오리엔테이션 시간에 아이들과 한 약속이 생각났습니다.

"교실에서는 뛰지 마세요, 넘어지면 여러분들이 다치게 됩니다. 쓰레기는 꼭 쓰레기통에 버리세요. 벽에는 낙서하면 안 되겠죠? …중략… 자, 지금부터 선생님하고 약속해요. 이런 행동 하지 않기로. 만약 약속을 어기면 벌점을 받고 부모님께 연락하게 됩니다. 알았나요?"

캠프기간 동안 약속을 어긴 아이들에게 예외 없이 공지했던 벌점을 주었습니다. 아이의 눈에는 저의 모습이 '약속을 잘 지키는 좋은 선생님'으로 비춰졌던 모양입니다.

아이들이 생각하는 좋은 사람은 어떤 모습일까요? 어른들의 세계에는 예외가 많습니다. 어쩔 수 없는 환경이나 상황 때문에 항상 '예외'라는 조항이 따라다니지만 아이들의 눈에서는 '약속을 지키지 않는 어른'으로 밖에 보이지 않는다는 것을 명심해야 합니다. 어른들은 무의식중에 아이들과 크고 작은 약속합니다. '~하면 ~해 줄게.' 어른들을 어려운 상황을 모면하는 용도로 이 조건문을 많이 사용합니다. 아이들을 이 약속을 잊지 않고 잘 기억하고 있습니다. 아이와의 약속을 지키는 일은 존경 받기 위한 가장 기본적이고 핵심적인 전제조건입니다.

이와 더불어 아이들은 관심을 주는 어른들의 사소한 행동이나 말 한 마디에 마음이 녹기도 합니다. 고등학생 대상의 캠프에 연예인처럼 또렷한 이목구비를 가진 예쁜 여학생이 있었습니다.

"우리 은지 완전 예쁘다. 연예인이 온 줄 알았어."

은지는 수줍어하더니 키득키득하며 좋아했습니다. 저는 고등학생 캠프에서도 여전히 악마선생님 역할이었습니다.

"선생님, 그거 알아요? 다른 애들이 선생님 완전 욕하고 다녀요. 근데 저는 알아요! 선생님이 좋은 사람이라는 거."

왜 그렇게 생각하는지 물어 보았습니다.

"선생님은 저 보고 예쁘다고 칭찬해 줬잖아요."

"칭찬이 아니라. 진짜 예뻐서 그런 거야."
"근데요. 지금까지 저한테 예쁘다고 칭찬해 준 사람은 선생님밖에 없었어요."

아이들의 존경심은 어른들의 그것과 차이가 있습니다. 어른들의 존경심은 위인과 같이 '대상의 뛰어난 업적이나 능력'에 초점을 맞추는 경향이 강합니다. 하지만 아이들의 존경심은 '자기에게 얼마나 많은 관심을 주는가.'에서 출발합니다. 우리 아이들에게 지속적으로 '관심'을 준다면 자연스럽게 존경하는 마음이 싹틀 것입니다.

아이들은 가식적인 말을 혐오한다

학교에 적응하지 못하는 아이들은 공통적으로 교사에 대한 불신을 바탕에 깔고 있습니다.

"우리 담임선생님은 가식적이에요."
"왜 그렇게 생각하니?"
"내가 자살하겠다고 했더니, 가식적으로 잘해 줬어요."

실제로 일반적인 자살예방교육과 자살예방프로그램에서는 '누군가 자살을 생각하거나 자살의 위험징후를 보이면, 최대한 친절하고 따뜻하게 대해야 한다.'고 가르칩니다. 그런데 과연 실제로 효과가 있을까요?

고1 범석이는 충동적으로 자살 시도를 하였지만, 다행히도 목숨에는 지장이 없었습니다. 그리고는 이 사건으로 담임선생님과 상담을 하게 되었습니다.

"음. 우리 범석이 마음이 아픈가 보구나? 어떤 점이 가장 힘드니? 선생님이 도와 줄 일이 없을까?"

"······."

범석이는 아무 말도 할 수 없었습니다. 아니 하기 싫었습니다. 평소와는 너무 다른 담임선생님의 말투와 행동이 너무 어색했기 때문입니다. 범석이는 마치 다른 사람처럼 행동하는 선생님에게 마음의 문을 열 수 없었습니다. 평소에는 자신에게 관심도 없던 선생님이 갑자기 좋은 사람이나 된 것처럼 이야기하는 게 역겨웠습니다. 하지만 이것으로 끝이 아니었습니다. 점심시간, 급식실에서 점심을 먹고 있는데 같은 반 친구들이 범석이 옆으로 우르르 몰려와서 큰소리로 말합니다.

"야! 너 자살하려 했다며?"

"응? 무슨 소리야? 아니야······."

"뺑 치지 마! 저기서 선생님들 이야기하는 거 다 들었어. 다른 애들도 다 알아!"

범석이의 자살 시도 사건은 선생님들 사이에서 이미 유명한 이야기가 되었고, 삽시간에 학교 전체에 퍼졌습니다. 범석이는 담임선생님이 한없이 원망스러웠습니다. 사춘기 아이들은 '내 이야기로 뒷담화 하는 선생님', '내 앞에서만 나를 생각하는 척하는 선생님'을 불신합니다. 범석이는 분노와 수치심에 더 이상 학교에 다닐 수 없었습니다.

집에서도 마찬가지입니다. 명절이나 행사로 가족들이 모였을 때, '우리 아이는 ~했던 경험이 있어.'라면서 아이들의 언행을 유머의 소재로 자주 사용합니다. 하지만 가족들 사이에서 웃음거리가 된 아이는 수치심과 모멸감을 느끼면서 부모를 불신하게 됩니다. 부모에게는 그저 웃어넘기는 에피소드일 뿐이지만, 아이들은 평생 가슴에 남는 상처입니다. 수치심은 사라지지 않고 평생 갑니다. 할머니, 할아버지가 손자의 고추를 따먹는 듯한 행동을 하는 것도 피해 당사자인 아이의 입장에서는 실제로 성기가 잘려 나가는 듯한 공포를 느낀다고 합니다. 어른들이 장난으로 던진 돌멩이에 아이들의 마음은 산산이 부서지고 있습니다. 어디 아이뿐이겠습니까? 우리는 모두 자신에게 수치심을 주는 사람을 신뢰할 수 없습니다. 수치심을 느끼게 해 놓고, 잘해 주고 관심 있는 척한다면 아이들 입장에서는 당연히 가식적으로 느낄 수밖에 없습니다.

아이들은 귀신같이 본심을 알아차린다

제가 일하고 있는 연구소의 자살예방 강의는 근본적인 자살 원인을 제거하는 것이 목적입니다. 그렇기 때문에 아이들의 고민 해결과 스트레스 관리 등 다양한 분야에서 접근하고, 학생들의 자존감을 살리는 내용도 포함됩니다. 자살예방교육 강연 요청으로 한 실업계 고등학교에 출강을 나갔습니다. 학생부 소속의 선생님은 저를 반갑게 맞아 주시고 강연 장소인 강당으로 안내해 주었습니다. 강당 안은 아이들의 떠드는 소리로 가득했습니다. 학생부 선생님은 단상에 올라가더니 강당에 모인 아이들을 향해 거친 말을 쏟아내기 시작했습니다.

"야! 조용히 못 해? 이 쓰레기 같은 녀석들아. 너희들 교육해 주겠다고 서울에서 유명한 강사님이 오셨다. 너희들이 뭐 들어 봐야 이해하지도 못하고, 알아먹지도 못하겠지만, 너희들이 언제 이런 강의 또 들어 보겠냐. 조용히 하고 들어라. 떠들면 가만 안 둔다!"

아이들은 이런 이야기를 얼마나 자주 들었는지 별로 신경 쓰지 않는 모습이었습니다. 오히려 당황한 건 저였습니다. 아이들의 고민을 해결하고 자존감을 살려 주고자 준비한 강연인데, 선생님의 지나친 훈육으로 시작부터 분위기가 엉망이 된 것입니다. 이렇게 아이들을 짓밟아 놓고 다시 기를 살리는 교육을 하라고? 이런 분위기라면 정상적인 아이들도 우울증이나 자괴감에 빠질 정도였습니다.

교권을 '힘'과 '권위의식'으로 회복하려는 선생님이 아직도 남아 있는 것 같습니다. 하지만 이런 '폭력적인 교사'는 오히려 아이들에게 무시당하는 경우가 많습니다. 저의 학창시절에도 야구방망이, 당구대, 하키 스틱을 들고 다니면서 힘으로 아이들을 다스리려는 선생님들이 있었습니다. 지금 생각해 보면 그런 폭력적인 선생님을 보면서 느꼈던 감정은 '존경심'이 아니라 '두려움'이었습니다. 그때도, 지금도 저는 그 선생님들을 전혀 존경하지 않습니다. 그들은 단지 피하고 싶은 폭력의 가해자일 뿐입니다.

반면 진짜 인생 선배 같은 선생님들이 우리 주위에 많이 있습니다. 천방지축으로 보이는 사춘기 아이들도 선생님들의 본심이 '편하게 교사의 특권을 누리려는 것'인지 '진심으로 학생들의 미래를 위해서 헌신하려는 것'인지 누구보다 잘 알고 있습니다. 아이들이 믿고 따르는 인생 선배 같은 선생님은 '실패해도 격려해 주는 선생님'이지, '실패하면 쓰레기 취급하는 선생님'이 아닙니다.

어떤 중학교 선생님의 하소연입니다.
"올해는 제가 담임까지 맡았는데, 30명이 넘는 우리 반 아이들을 다 관리하기가 쉽지 않습니다. 제가 담당하는 과목 교육지도안도 짜야 하고, 학교에서 담당한 부서 업무 처리도 해야 합니다. 문서 작성하다 보면 하루가 부족합니다. 그런데 어떻게 아이들을 한 명 한 명 돌볼 수 있나요?"

학생들, 특히 사춘기 아이들이 원하는 것은 담임선생님의 '관심과 믿음'입니다. 중학생 이상 청소년은 생활을 일일이 지시하거나 관리할 필요가 없습니다. 아이들 한 명씩 불러서 몇 시간씩 취조하듯 이야기할 필요는 없다는 뜻입니다. 그 대신 '담임선생님은 항상 여러분을 믿고, 여러분이 어려울 때 힘이 되어 줄 수 있는 사람이다.'라는 사실만 지속적으로 표현하면 됩니다. 말 한마디에 따라 아이들의 평가는 극명하게 갈립니다. 특히 담임선생님의 성향에 대한 아이들의 통찰력은 놀랍도록 정확합니다. 평소 아이들에게 무관심하고 학급 관리에 소홀한 선생님은 이런 평가를 받습니다.

"우리 반 쌤은 우리한테 관심 없어요. 담임 쌤 좋아하는 아이들도 없어요. 기대도 안 해요."

반면 아이들에게 작은 변화가 있을 때 칭찬이나 격려를 해 주고, 평소와 다르게 풀이 죽어 있으면 그저 '무슨 일 있니?'라고 물어봐 주는 선생님의 경우 아이들은 이렇게 이야기합니다.

"우리 담임 쌤은 첫인상은 별로였는데, 완전 '볼매_{볼수록 매력 있는 사람}' 예요. 은근히 우리를 많이 챙겨줘요. 짱이에요."

어른이 먼저 함부로 대하고 있지 않은가?

잊혀질 만하면 신문 한 자리를 차지하는 뉴스가 있습니다. 담배를 피우는 학생들이 자신을 훈계하는 어른을 폭행했다는 내용이 그것입니다. 뉴스를 본 어른들은 말세라며 요즘 아이들을 탓하기 바쁩니다. 그런데 사건이 일어나게 된 상황을 가만히 들여다보면 여기에 어른들의 위선이 담겨 있다는 것을 알 수 있습니다. 과연 이 사건의 진실은 무엇일까요?

담배를 피우다 지나가는 어른한테 훈계를 당해 본 아이들은 이렇게 말합니다.

"공사장 옆 공터에서 친구들이랑 담배를 피우고 있었어요. 그런데 어떤 아저씨가 오더니 다짜고짜 '이런 머리에 피도 안 마른 새끼들이 담배나 피우고 있어! 이 새끼들 정신이 있는 거야? 당장 담배 안 꺼?

어른이 말하는 것 안 들려?'라고 욕하더군요."

이 어른은 청소년 흡연이 나쁜 행동이니까 계도나 선도 차원에서 학생들에게 소리를 질렀다고 말할 것입니다. 그런데 입장을 바꿔 생각해 볼까요? 갑자기 생판 모르는 사람이 다가오더니 큰 소리로 욕을 하면서 훈계를 해 댑니다. 그 상황에서 여러분의 감정은 어떨까요? 과연 참을 수 있을까요? 저도 길에서 담배 피우는 청소년들을 많이 목격합니다. 저는 먼저 제 소개를 하고, 왜 이곳에서 담배를 피우게 되었는지 아이들의 이야기를 듣습니다. 버스정류장과 가까운 곳이라서 다른 사람들에게 피해를 줄 수도 있다고 말하자 아이들 스스로 담배를 끄고 죄송하다고 하더군요.

누가 먼저 폭력을 가하는 걸까요? 저는 청소년 관련 사건사고가 발생하면 먼저 사건의 원인부터 확인해 봅니다. 청소년과 성인이 얽혀 있는 사건은 대부분 '성인의 권위적인 언행'이 원인이 됩니다. 특히, 나이가 많다는 이유로 처음 보는 청소년들한테 반말을 하거나, 함부로 신체적인 압박을 가하는 경우가 무척 많습니다. 저는 청소년을 대상으로 교육과 상담을 하고 있지만, 그들과 아주 친해지거나 그들의 동의를 얻지 않은 상황에서는 절대로 반말을 사용하지 않습니다. 어떠한 상황에서도 성인과 똑같이 대해 줍니다. 육체적인 폭력보다 더 큰 상처를 남기는 것이 언어폭력이기 때문입니다.

정상적인 청소년들은 어른들을 향해 절대 먼저 폭력을 행사하거나 해를 끼치지 않습니다. 뉴스에 등장하는 청소년의 성인 폭행사건들은 대부분 어른들이 아이들의 심리를 자극해 아이들이 참지 못하고 도발하는 경우입니다. 하지만 뉴스 보도는 '아이들이 어른을 폭행했다.'는 부분만 강조되므로 상황이 왜곡되기도 합니다. 정작 아이들 입장에서는 억울한 일입니다. 흔히 이런 말을 합니다. '아이들이 먼저 어른을 공경해야 한다.'고. 하지만 어리고 약하고 힘없는 사람이 강한 사람을 받들어 모셔야 한다는 것은 군국주의 사상과 크게 다르지 않습니다. 더 문제가 되는 것은 청소년들이 어른들의 '군국주의적 폭력 서열구조'를 그대로 모방한다는 점입니다.

강한 사람이 약한 사람을 돌보고 배려하는 것은 매너의 기본 중에 기본입니다. 여유롭고 힘이 있는 어른들이 먼저 배려해 주는 문화가 필요합니다. 그리고 아이들의 흡연은 사회 전체적인 문제의식이 필요합니다. 어른들 자신도 끊기 어려운 담배를, 아이들에게는 왜 쉽게 못 끊느냐고 강요합니다. 이런 것이야말로 '사회적, 구조적 폭력'입니다.

아이들은 언제나 미리 신호를 보낸다

"엄마……"

"왜?"

"저, 엄마……"

"아니, 왜? 엄마 바쁜데 왜 자꾸 그래? 빨리 말해!"

"저기, 우리 아파트 옥상에서 떨어지면 죽겠지?"

"당연하지. 엄마 다녀올게. 문단속 잘 하고 있어!"

"……"

그날 이 아이는 아파트 옥상에서 친구와 함께 투신하였고, 안타깝게 두 아이 모두 생명을 잃었습니다. 청소년기의 아이들은 부모보다 또래 친구에게 더 의존적인 면이 있습니다. 하지만 자살과 같은 극단의 선택을 앞둔 경우, '가족'에게 마지막 메시지를 보내는 경우가 많습니다.

우리 아이들의 소중한 생명을 지키기 위해서는 세심한 관찰이 필요합니다. 그렇다고 하루 종일 아이 뒤만 따라다닐 수도 없고, 도대체 무엇을 관찰해야 할까요? 평소와 다른, 작지만 특이한 그 무언가를 감지하면 됩니다.

어느 날 아이가 "엄마, 2층이 높아? 4층이 높아?"와 같은 질문을 뜬금없이 한다면 반드시 적극적인 관심을 보여야 합니다. 평소 집에 오면 현관에 신발을 가지런히 벗어 놓던 아이인데, 어느 날은 신발이 현관에 어지럽게 놓여 있다든지, '초코릿, 식초, 겨자 등 자극적인 특정 음식'을 갑자기 많이 찾는 경우는 급격히 스트레스가 높아졌다는 것을 의미합니다. 방문을 잠그거나 늦잠을 자는 경우, 혹은 아침에 쉽게 일어나지 못하는 경우도 위험요소가 될 수 있습니다. 특히 '학교 가기 싫다.'는 말을 자주하는 경우 왜 그런지 이유를 명확히 알아야 합니다. '학교 가기 싫다.'는 말은 '공부하기 싫다.'와는 명백하게 다릅니다. 아이가 학교에서 집단따돌림을 당하거나 학교폭력에 시달리는 것은 아닌지, 어떤 이유에서 학교에 적응하지 못하는 것은 아닌지 면밀하게 살펴야 합니다. 담임선생님과 연락하여 학교생활을 점검해 보는 자세가 필요합니다. 아이가 불쾌감을 느끼지 않는 선에서 필통이나 수첩, 지갑, 휴대전화 등 개인 소지품을 유심히 살펴보는 것도 중요합니다.

이렇게 '세심한 관찰'은 오직 부모만이 할 수 있습니다. 평소 하지 않던 말이나 사소한 행동을 알아차려야 하고, 만약 이상한 변화를 알아

챘다면 아이를 타박하거나 잔소리 하지 말고 아이 스스로 속 이야기를 털어놓을 수 있는 기회를 만들어 주어야 합니다. 아이와 같이 재미있는 영화를 보거나 아이스크림 전문점에 가는 것도 추천 드립니다. 저녁 식사 후, 가족이 모여 차를 마시며 부모님이 먼저 고민을 털어 놓는 것도 좋습니다. 그러면 자연스럽게 아이들도 본인의 고민을 끄집어내게 됩니다. 아이의 생일날엔 보통 아이들이 좋아하는 선물을 해 주시는데, 반대로 아이가 싫어하는 부모의 행동이 무엇인지 들어보고 부모가 그 행동을 반성하는 시간을 갖는 것도 훌륭한 방법입니다. 세심한 관찰은 아이들이 위기상황에서 탈출할 수 있도록 해주는 비상구 역할을 해줄 것입니다.

12
서투른 칭찬의 역효과

아이들에게 관심을 표현한다는 것은 쉽지 않은 일입니다. '칭찬교육법'을 열심히 배운 진식이 어머니는 사춘기에 들어서 매일같이 툴툴대는 아들한테, 어색하지만 용기를 내어 배운 대로 칭찬을 해보았습니다.

"우리 진식이 오늘 따라 왜 이렇게 잘생겨 보이나?"

"응? 엄마 왜 그래?"

"엄마는 우리 진식이가 자랑스럽단다."

"엄마 말투가 왜 그래? 뭐야? 엄마 가식적이야. 안 어울려."

엄마의 야심 찬 칭찬교육법이 진식이한테는 전혀 통하지 않았습니다. 과연 무엇이 문제였을까요? 아이에게 관심을 표현하는 방법으로 칭찬은 상당히 매력적입니다. 그런데 막상 아이를 앞에 두고 칭찬을 하는 것은 쉽지 않습니다. 가장 큰 장애요인은 지금의 부모들이 칭찬을 많이 듣고 자라지 못했기 때문입니다. 칭찬하는 것에도 어색할 수밖에 없습니다. 사춘기 아이들은 부모의 서툰 칭찬을 가식이라고 받아들여 오히려 역효과를 내게 되는 것입니다. 무작정 '대단하다.', '훌륭해!', '잘했어.'라고 하는 것은 아이들 입장에서 '칭찬'도 아니고 '관심'도 아닙니다. 아이들의 작은 노력, 작은 변화에 의미를 부여하고 진심으로 칭찬하는 것이 필요합니다.

칭찬보다 더 세련되게 관심을 표현하는 방법이 있습니다. 사춘기 아이들의 눈높이에서 생각해 본다면 쉽게 이해할 수 있는 방법입니다. 딸이 있다면 생일을 꼭 챙겨 주어야 합니다. 이유 불문하고 사춘기 여자아이에게 생일은 인생에서 가장 중요한 날입니다. 생일에 케이크를 못 받거나 선물을 받지 못한다면 실패한 인생이라고 자학하거나 우울함에 빠지게 됩니다. 관계지향적인 여자아이는 생일에서 본인의 존재 가치를 찾으려고 하기 때문입니다.

어른들의 입장에서 밸런타인데이나 화이트데이, 할로윈데이는 '기업의 상술'이나 '우리와 관련 없는 서양의 명절'에 불과합니다. 매월 자리 잡고 있는 이런 이벤트를 보고 있노라면 아이들이 쓸데없는 낭비를 하는 것 같아 속이 답답할 경우도 있습니다. 하지만 아이들이 관심을 갖는 이벤트에 동참해 보면 아이들과의 관계가 개선되는 마법 같은 효과를 볼 수도 있습니다. 비싸지 않은 초콜릿과 작은 카드 한 장만으로도 여자아이의 마음은 쉽게 녹아들기 때문입니다.

남자아이는 몸으로 하는 활동을 같이 하는 것이 효과적입니다. 아버지와 축구나 등산을 즐기거나, 가족끼리 공원에서 배드민턴을 치는 것도 좋은 방법입니다. 아이가 눈치 채지 않도록 시합에서 슬쩍 져준다면 남자아이들은 쉽게 자신감을 되찾고 부모의 관심을 느낄 수 있을 것입니다. 남자아이는 목표지향적인 성향이 강해서 공동의 목표를 공유할 때, 쉽게 마음을 열게 됩니다. 아이가 좋아하는 게임을 같이 하는 것도 매우 긍정적입니다. 짧은 시간이나마 아이와 같이 컴퓨터 게임을 해 본다면, 아이에 대한 편견을 많이 줄일 수 있습니다. 그리고 아이는 부모가 관심을 가지고 자신과 친해지려고 노력한다는 것을 알게 됩니다.

농경사회에서는 부모자식간이 수직적인 관계에 가까웠다면, 현대사회에서는 가족구성원 모두가 수평적인 팀의 일원이라고 할 수 있습니다. 그렇기 때문에 아이들에게 '해라!'보다는 '하자!'라고 말하는 연습이 필요합니다.

사춘기 아이들은 청개구리

"야! 이리 와 봐! 너 성적이 이게 뭐야? 이래서 대학이나 가겠어?"

"어? 나 대학 안 갈 건데? 나 바리스타 할 거야. 일본 가서 커피……"

"아니, 얘가 미쳤나? 엄마 죽는 꼴 보고 싶어? 이때까지 들인 돈이 얼만데?"

"에이 씨, 또 그 소리……"

"대학 안 가면 취직은 어떻게 할 건데? 돈 버는 게 그렇게 쉬운지 알아?"

"아 됐다고, 그만하라고! 왜 짜증나게……"

"아니, 이 녀석이 엄마한테 말버릇이 이게 뭐야? 너 좀 맞아야 정신 차리지?"

화를 참지 못한 어머니는 빗자루를 들었습니다. 그 순간 아이는 어머니의 손목을 잡더니, 빗자루를 빼앗아 던져 버렸습니다.
"내가 아직도 유치원생인지 알아? 엄마랑 말하면 짜증만 나!"
아이는 문을 박차고 집을 나가 버렸습니다.

보통 어른들은 아이들의 이야기를 끝까지 듣지 않고 성급하게 단정 짓거나, 아이의 의견을 물어 보지 않고 일방적으로 이야기하는 경우가 많습니다. 자녀와의 대화에서 기본이 되어야 하는 것은 '아이의 말을 끝까지 들어주는 것'입니다. 그런데 부모의 입장에서 아이의 말을 끝까지 들어주는 것은 굉장히 힘든 일입니다. 아이가 잘못된 길을 가려고 했을 때 바로잡아 주어야 한다는 일념에 무의식적으로 아이의 말을 가로막습니다. 그리고 아이의 생각을 억지로 바꾸려고 장황한 훈계를 시작합니다.

사춘기 아이들은 자기의 이야기를 더 하고 싶어 하고, 부모는 어떻게든 아이의 생각을 바꾸려고 합니다. 부모와 자녀 간에 끝없는 평행선 놀이가 시작된 것입니다. 대화를 하는데 듣는 사람은 없고, 서로 말하려고만 합니다. 서로 자기의 주장을 관철시키려 하니 더 이상 대화가 진행 되지 않습니다. 이 지루한 대화를 쉽게 끝내는 방법이 있습니다. 부모가 아이의 말을 계속 들어주는 것입니다.
아이가 더 이상 할 말이 없어질 때까지 듣고 또 들어 주어야 합니다. 아이 편이 되어서, 아이가 왜 그렇게 이야기하는지 생각하며 들어 준다면, 생각의 차이를 많이 좁힐 수 있습니다. 아이의 말에 오류가 있다고 해도 바로 지적할 필요가 없습니다. 아이들은 말하면서 잘못된 부분을 스스로 알아챕니다. 그리고 아이들이 하는 주장을 끝까지 들어보면 그 결말이 허무할 정도로 싱거운 경우도 있습니다. 청개구리 심보처럼 하지 못하게 하면 더 하려 드는 것이 사춘기 아이들입니다.

아이들이 고민을 털어 놓을 때, 대부분 아이들은 문제의 해결책을 원하지 않습니다. 다만 자기의 이야기를 들어 주기 바랄 뿐입니다. 끊임없이 자기 편을 찾고 있는 사춘기만의 특징입니다. 잘 들어주기만 하면 아이들 스스로 판단하고 정리합니다. 단, 판단이나 결정을 어른이 대신 내리지 않도록 주의해야 합니다.

3장

요즘 사춘기 아이들의 신종 고민

아이들의 고민에 대한 이유를 파헤치기 시작했습니다. 그런데 근본 원인에 다가가면 갈수록 마치 북극성처럼 아이들의 고민 나침반은 한 곳을 향하고 있었습니다. 수수께끼 같았던 수많은 고민의 원인은 단 한 곳, 가정. 그중에서도 부모를 가리키고 있었습니다.

사춘기 고민의 8가지 유형

수많은 사춘기 아이들의 고민을 접하다 보니 아이들이 가지고 있는 고민을 몇 가지 패턴으로 정리할 수 있었습니다. 우리 아이들이 과연 어떤 고민을 가지고 살아가고 있는지 고민의 유형에 따른 현상과 원인을 간략히 정리해 보면 다음과 같습니다.

고민유형1. 성적과 공부

학생 신분에서 성적 스트레스를 받거나, 공부를 잘하고 싶은 것은 당연한 고민입니다. 그런데 아이들이 공통적으로 요구하는 것은 공부를 잘하는 '방법'입니다. 아이들 스스로도 아무 노력 없이 좋은 성적이

나오지 않는다는 것을 압니다. 놀면서 성적을 올리는 요행을 바라거나, 하루아침에 천재가 되는 것을 원하는 아이들도 없습니다. 아이들은 효과적인 공부방법이나 흥미를 유발할 수 있는 노하우를 원하고 있습니다.

고민유형2. 꿈, 진로 그리고 미래

사춘기 아이들은 모두 미래에 대한 막연한 두려움을 가지고 있습니다. 성적순으로 의사나 판사가 되는 것이 공식화 되어 있는 학교 현실에 답답함을 느끼는 아이들도 많이 있습니다. 명확하게 본인의 진로를 알게 되기를 원하고, 스스로 결정하거나 판단할 수 없는 상황을 괴로워하기도 합니다. 최근에는 연예인, 방송분야, 디자인, 예술, 사회공헌 분야에 관심을 가지고 진로를 모색하고자 하는 아이들이 늘고 있습니다.

고민유형3. 무기력감과 우울증

학업에 대한 무기력감을 보이는 아이들이 성적이 좋을 수 없습니다. 본인의 능력으로 감당할 수 없는 너무 높은 목표를 가지고 있거나, 터무니없는 성적을 요구하는 부모의 욕심이 원인이 되기도 합니다. 강압적이고 독단적 성향을 가진 부모의 아이들은 학업뿐만 아니라 일상생활 전반에 걸쳐 무기력을 보이기도 합니다.

고민유형4. 부모와 가족관계

가정의 문제는 아이들의 인성과 성적에 직접적인 영향을 미칩니다. 맞벌이로 아이들에게 소홀한 부모, 자녀에게 무관심하거나 혹은 반대로 과도하게 집착하는 부모, 부모의 이혼, 폭력적인 아버지, 부모의 알코올 중독, 대화가 없는 가정 등 다양한 원인이 있지만 불안정한 가정환경으로 인해 아이들이 괴로워한다는 점은 명확합니다. 가정이 든든하지 못한 학생은 심리적으로 나약해 져 난관에 봉착하면 쉽게 무너져 버립니다.

고민유형5. 친구, 교우관계

사춘기는 일생에 있어서 '감정이입'을 처음 경험하는 시기로 또래 친구들의 존재가치가 그만큼 크게 느껴지는 시기입니다. 그래서 친구의 이야기를 밤새 들어 주기도 하고, 친구관계가 틀어지면 과도한 스트레스를 받기도 합니다. 특히 여학생의 경우 교우관계에 대한 신경전이 심각하며, 최근에는 집단따돌림으로 인한 아이들의 고민이 증가하고 있습니다.

고민유형6. 사랑, 이성교제

 청소년들은 호기심에 이성친구를 사귀기도 하지만 최근에는 '외로움을 해결하는 방법'으로 이성교제를 하는 아이들이 증가하는 추세입니다. 요즘 아이들은 부모에게서 느껴야 하는 '관심과 보살핌'을 이성 친구에게 바라고, '마니또' 혹은 '멘토' 같은 존재가 되어 주기를 기대합니다. 사랑을 위한 이성교제가 아니라는 점에서 어른들과 의견충돌이 발생하며, 이점 때문에 아이들은 괴로워합니다. 청소년 임신이나 데이트 성폭력 등과 관련된 고민들도 상당수 존재합니다.

고민유형7. 건강이나 외모

 남녀를 불문하고 다이어트에 목숨 거는 아이들이 증가했습니다. 비만과 여드름은 아이들에게 재앙과 같은 단어입니다. 쌍꺼풀수술과 지방흡입에 관심을 가지고 있는 아이들이 많고 성형수술을 하려고 용돈을 빼돌리거나 아르바이트를 하는 경우도 있습니다. 성형수술 비용을 마련하고자 성매매를 하는 경우도 적지 않습니다. 인터넷이나 스마트기기 등으로 인하여 아름다움에 대한 기준이 상향평준화 되어 있는 사회적 현상의 부작용으로 볼 수 있습니다.

고민유형8. 돈과 경제력

청소년들은 또래집단에 적응하기 위해 고가 브랜드의 아웃도어 의류를 입거나 운동화를 신어야 한다고 생각합니다. 그럴 수 없는 환경의 아이들은 상대적인 박탈감을 경험하게 되고, 심할 경우 가난한 환경에 대한 증오심을 키우게 됩니다. 부모님의 소득수준이나 자동차 종류, 아파트 평수가 아이들 사이에서 권력으로 작용하기도 합니다. 아이들이 경제력에 집착하는 이유는 돈으로 특별한 물건을 사거나 어떤 소비를 위해서라기보다, 단지 과시를 위한 도구라고 생각한다는 것이 특징입니다.

수많은 고민의 뿌리는 단 하나

아이들의 고민 상담, 그리고 계속 쌓여 가는 고민쪽지들을 보면서 왜 우리 아이들이 이런 고민을 하는지, 그 근본적인 원인을 알아내고 싶었습니다. 고민이라는 것도 그 원인을 파악하면 솔루션을 제시해 주기가 수월하기 때문입니다. 사춘기 아이들의 고민은 표면적으로는 아이들의 숫자만큼 다양해서 근본 원인을 추적하는 일이 생각처럼 쉽지 않았습니다. 고민의 내용이 비슷하다 하더라도 아이들이 처한 상황이나 환경이 천차만별이라서 구조화 시키는 작업은 거의 불가능에 가까웠습니다. 마치 사람마다 싫어하는 음식이 각기 다른데, 이에 대한 원인을 찾아내려는 작업과 같다고 생각하면 작업의 난이도를 쉽게 상상할 수 있을 것입니다.

대학도서관이나 국회도서관을 찾아가서, 교육학을 비롯하여 청소년 관련 서적을 모두 찾아보았습니다. 뿐만 아니라 청소년과 교육에 대한 다양한 이론과 논문들, 그리고 심리발달과 관련된 자료 역시 샅샅이 뒤져 보았습니다. 하지만 원하는 답을 찾을 수는 없었습니다. 보편화된 이론은 많았지만, 사춘기 아이들의 고민에 대한 원인분석은 어디에도 없었습니다. 설령 원인이 제시되어 있다고 하더라도 근본적으로 어른의 입장에서 풀이해 놓은 책들이 전부였습니다. 아이들에게 솔루션으로 제공해 주기에는 현실적으로 어려움이 있었습니다.

그래서 지금까지와는 전혀 다른 분야에서 접근해 보기로 했습니다. 철저하게 아이들의 고민에서부터 원인과 솔루션을 찾아보기로 했습니다. 오래된 기존의 자료와 현재 학생들의 생각 사이에는 분명히 괴리감이 존재하고, 전문가나 학자의 입장에서 기술된 해결방안이나 정책은 아이들의 입장을 대변해 주지 못한다는 생각이 들었습니다. 그래서 모든 것을 아이들의 눈높이에서 분석하기로 했습니다. 모든 문제의 중심인 '사춘기 아이들'에게 직접 물어보는 것이 그 시작이었습니다.

그렇지만, 아이들도 자기가 왜 그런 고민을 하게 되었는지 쉽게 답하지 못했습니다. 고민에 대한 패턴은 존재했지만, 원인이나 현상이 복합적으로 드러나는 경우가 더 많았습니다. 그래서 오랜 시간 아이의 모든 것에 대해 이야기를 나눌 수밖에 없었습니다. 부모, 교사 그리고 아이들의 고민과 생각에 대해 고민의 원인이 무엇인지 그 이유를 파헤치기 시작했습니다. 그러자 서서히 아이들 고민에 대한 원인의 윤곽이 드러났습니다. 근본 원인에 다가가면 다가갈수록, 마치 북극성처럼 아이들의 고민 나침반은 한 곳을 향하고 있었습니다. 수수께끼 같았던 수많은 고민의 원인은 단 한 곳, 가정! 그중에서도 부모를 가리키고 있었습니다.

막장 드라마보다 더 막장인 현실

부모의 이혼으로 어머니와 살고 있는 유림이가 문득 아버지 이야기를 꺼냈습니다.

"어제 저녁에 아빠가 집에 왔어요."

무슨 일이 있는 것일까?

"그런데, 아빠가 예전처럼 또 술 마시고 와서 TV랑 선풍기랑 막 집어던지고 그랬어요. 무서워서 그냥 방문 걸어 잠그고 숨어 있었는데…… 무서웠어요. 그리고 엄마한테 미안했어요."

"엄마한테 어떤 점이 미안한데?"

"엄마 놔두고 혼자 숨어 있어서……. 엄마가 막 소리지르고 그랬는데……. 저는 아무것도 못했어요."

"이번이 처음이 아닌 거니?"

"네. 아빠가 또 오면……, 경찰에 신고하자고 엄마랑 약속했는데 그렇게 못했죠."

"아빠가 왜 집에 오신 거니? 선생님은 부모님이 이혼하신 줄 알았는데……."

"그거요……. 어렸을 때는 그런 줄 알았는데, 그게 아닌 것 같아요."

"이혼한 게 아니라고?"

"엄마랑 아빠가 결혼한 게 아닌가 봐요. 저번에 친구 집에 놀러간 적이 있는데 친구네 아파트 놀이터에서 아빠를 봤어요. 아빠가 어떤 남자 꼬맹이랑 놀이터에서 놀고 있는 거예요. 옆에 이상한 아줌마도 같이 있었어요. 그리고 같이 집에 들어갔어요. 집에 와서 엄마한테 얘기했더니, 엄마는 이미 알고 있는 것 같았어요. 놀라지도 않고……. 그냥 나 보고 공부나 열심히 하라고 했어요."

"우리 유림이 많이 놀랐겠구나."

"그냥 뭐……, 배신감은 들었죠. 이번에 엄마아빠 싸우는 거 들어보니 확실히 이혼은 아닌 것 같아요."

"어떤 이야기를 들었는데?"

"아빠가……, 아니 그 남자가 엄마한테 그랬어요. '세컨드 주제에 간섭하지 말라'고. 그때는 정신없어서 몰랐는데, 지금 생각해 보니까 완전 기분 더럽고, 배신감 느끼고……. 남자가 싫어요. 그래서 저는 결혼 안 할 거예요."

"그래서 유림이가 학교 다니면서 알바 하는 거니?"

"네. 제가 돈 안 벌면 우리 집 굶어 죽어요. 엄마가 회사 다녔는데 잘려서 지금도 일 못 구하고 있어요. 우리 엄마 불쌍해서 어떡해요?"

고1 유림이는 이렇게 이야기를 마무리하고 그날도 전단지 알바를 하러 갔습니다. 생존의 경계에서 아슬아슬한 줄타기를 하는 듯한 유림이가 위태로워 보였습니다. 행여나 나쁜 길로 빠지지는 않을까? 학업과 생업을 짊어지고 마음 기댈 따뜻한 가정도 없이, 오히려 엄마를 위로하고 있는 아이의 마음은 얼마나 멍들어 있는 것일까? 한 학급에서 약 10% 가량의 아이들이 '한부모 가정'이라고 합니다. 이렇게 불완전한 가정이 증가하는 추세에 따라 아이들이 불행하게 느끼는 정도도 정비례해서 증가하고 있습니다.

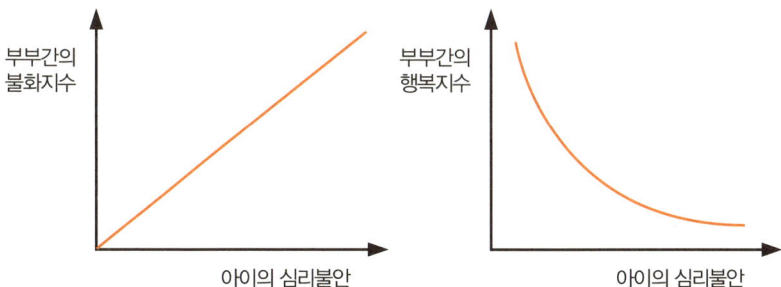

지워지지 않는 폭력

현욱이 아버지는 습관적으로 폭력을 휘두릅니다. 몇 년 전까지만 해도 현욱이 역시 폭력의 피해자였습니다. 그런데 현욱이가 고등학교에 진학하고, 체격이 아버지를 능가하자 아버지는 이제 어머니만 괴롭힙니다.

"아버지요? 그런 남자가 무슨 아버지에요? 그동안 나한테 했던 짓을 생각하면 죽여 버리고 싶어요!"

현욱이는 단호했습니다. 그리고 아버지 이야기만 나오면 주먹을 불끈 쥐었습니다.

"저는 커서 절대 안 그럴 거예요. 그 마음 제가 잘 알아요. 절대 우리 가족들 안 때릴 거예요."

술만 마시면 가족들에게 폭력을 가하는 아버지의 모습에 분노를 느끼면서 자신은 절대 그렇게 행동하지 않겠다고 다짐하고 또 다짐합니다. 가까스로 마음을 진정시킨 현욱이는 한동안 문제없이 생활하고 있었습니다. 단풍이 물들고 바람이 쌀쌀해질 무렵 현욱이도 여자 친구가 생겼습니다. 어느 날 현욱이가 다급하게 저를 찾았습니다. 얼굴은 창백했고, 몸을 바르르 떨고 있었습니다.

"현욱아, 무슨 일이야?"

"선생님……. 선생님……, 저 죽을 것 같아요……."

현욱이를 다독이며 차분하게 이야기를 시작해 보았습니다.

"어제가 수능 100일 남은 날이라 친구들이랑 백일주를 마셨어요. 술을 처음 마신 것도 아닌데, 그런데…… 여자 친구도 같이 있었는데. 제가 걔를 때렸어요. 어떡해요?"

"여자 친구와 무슨 일이 있었는데?"

"그냥 얘기하다가……, 술 많이 취했다고 그만 먹으라는 거예요. 근데 화가 나서 주먹으로 그 아이 머리를 때려 버렸어요. 근데요, 여친이 주저앉아서 막 우는데……, 그게 우리 엄마 같았어요. 나 어떡해요. 어떡해요, 선생님? 저 쓰레기죠? 저 같은 사람은 죽어야 되죠? 저 어떡해요?"

급격하게 불안 반응을 보이면서 현욱이는 하염없이 오열했습니다.

"내가 제일 죽이고 싶은 인간이 아버지인데……. 내가, 내가 그 사람하고 똑같이 행동하는 것 같아요."

폭력은 대물림 된다는 연구결과가 대학이나 연구기관을 통해 여러 번 발표되었습니다. 특히 폭력적인 아버지를 둔 아들의 경우 나중에 성인이 되어 아버지와 비슷하게 행동한다고 합니다. 딸의 경우, 아버지의 폭력이 도를 지나치면 부녀의 연을 끊고 살아가는 경우도 있습니다. 가정환경을 조사해 보면 아버지의 아버지, 즉 할아버지 역시 폭력성향을 띄는 것을 흔히 볼 수 있습니다.

아버지의 폭력에는 성장환경이나 유전적인 영향도 있지만, 사회적인 영향도 존재합니다. '아버지는 돈 벌어 오는 기계'라는 인식이 아직까지 저변에 깔려 있는 것이 현실입니다. 그 결과 부부간에도 부모자식간에도 대화의 기회가 현저하게 감소합니다. 현대사회에서 가부장적인 남성의 원인은 직장에서 찾아 볼 수 있습니다. 가부장적이고 폭력성향을 띄는 아버지들 대부분은 사회에서 인정받지 못하는 경우가 많습니다. 평생 사회에서 받아 보지 못한 '존경과 대접'을 집안에서 '가장' 혹은 '아버지'라는 이름으로 누리려고 하는 것입니다.

공부나 열심히 할 수 없는 아이들

"넌 이런 것 신경 쓸 필요 없고, 공부나 열심히 해. 그게 엄마아빠 도와주는 거야."

가정에 문제가 있을 경우, 부모가 아이에게 가장 먼저 하는 이야기일지도 모릅니다. 1990년대 후반, IMF의 구조조정을 받던 시기, 수많은 회사에서 인원감축을 발표하고 퇴직자가 속출했습니다. 공무원도 봉급이 삭감되었을 정도로 힘들었던 국가적 위기상황이었습니다. 수많은 '가장'들이 하루아침에 회사에서 쫓겨나 실업자가 되었습니다. 실직자 가정은 그나마 저축해 놓은 통장으로 하루하루 연명하며 불안한 삶을 이어가고 있었습니다. 경제적인 이유로 부부싸움이 계속되었고, 몸도 마음도 지쳐 버린 가장들은 길거리를 방황했습니다.

이런 부모님의 모습을 지켜보면서 아이들 역시 근심걱정이 계속되었습니다. 당시 중·고등학생들의 가장 큰 고민은 '대학 등록금'이었습니다. 대학에 합격한다 해도, 엄청난 학비를 감당할 수 있을 지 의문이었습니다. 성적이 좋은 학생들도 대학 진학을 포기하고 취업을 생각하게 되었고, 인문계 고등학교보다 실업계 고등학교 진학을 희망하는 중학생들도 늘어났습니다. 그러나 부모님들을 아이들이 학업을 계속하기를 바랐습니다.

"나는 대학 못 갈 것 같아요."

"왜? 무슨 얘기야?"

"대학교 가도 부모님이 등록금 못 대줄 것 같아서요."

"부모님이 그렇게 이야기했어?"

"아니. 저한테 이야기한 건 아니고요. 엄마아빠가 다투시는 걸 들었어요. 아이 등록금 댈 돈도 없는데 어떻게 하냐고……."

당시 아이들에게서 흔히 들을 수 있었던 이야기입니다. 장학금을 받거나 아르바이트를 하는 방법도 있지만 쉬운 것은 아니었습니다. 장학금 수혜자의 수는 한정되어 있고, 경제위기로 아르바이트 자리마저 줄어들었기 때문입니다. 그런데 부모 입장에서는 이런 아이들이 무모해 보이고, 아직 세상물정 모르는 철부지 같습니다.

"넌 아직 그런 걱정 안 해도 돼. 등록금은 엄마가 어떻게든 마련해 볼 테니까, 돈 걱정은 하지 말고. 알았지?"

그런데 부모님 말씀대로 아이들이 공부에 집중할 수 있었을까요? 아이들이 걱정하는 것이 오직 대학교 등록금이었을까요? 아닙니다. 아이들의 가장 큰 근심은 '돈'이 아니라 '가정'이었습니다. 가정의 불화는 아이들을 불안하게 만드는 가장 큰 원인입니다. 가정이 위태로운데 어떻게 공부가 손에 잡힐까요. 반대로 아무리 어려움이 크더라도 가족구성원들이 똘똘 뭉쳐 합심한다면 아이들은 안심하고 집중할 수 있는 여력이 생깁니다. 그렇게 되면 위기상황에서도 부모를 믿고 학업을 지속할 수 있습니다.

성적과 가정환경은 매우 밀접한 관계가 있습니다. 공부 못하는 아이들은 가정환경도 좋지 못하다고 하는데, 사실 가정환경이 좋지 못해 공부에 집중할 수 없는 것입니다. 다양한 가정의 문제를 한 단어로 정리할 수는 없지만, 아이들이 학업에 집중하고, 더 나아가 꿈을 이룰 수 있게 도와주는 방법은 비싼 과외를 시켜주는 것이 아니라 화목한 가정환경을 만드는 것입니다.

우리는 애완동물이 아니에요

사춘기 이전의 아이들에게는 부모의 따뜻한 보살핌이 필수적입니다. 하지만 사춘기부터는 오로지 관찰만이 필요합니다. 그런데 사춘기에 들어선 아이들에게도 끊임없이 보살핌을 제공하려는 부모님들이 있습니다.

"경석아, 일어나! 밥 먹어."

"네……."

"밥 다 먹었어? 그럼 씻고 양치해."

"네……."

"양치했어? 왜 벌써 나와? 3분 동안 했어?"

"다 했어……."

"교복 입어."

"다 입었어."

"먼저 나가서 엄마 차에 타."

"응…….."

경석이는 중3 남학생입니다. 그런데 어머니는 마치 유치원 아이 챙기듯 경석이를 챙깁니다. 등하교뿐만 아니라, 먹는 것, 입는 것, 씻는 것 모두 엄마가 챙겨 줘야 합니다.

"어머니, 아이가 벌써 고등학생인데, 왜 이렇게 챙겨 주시나요?"

"우리 아이는 혼자서 아무것도 못해요. 내가 옆에서 챙겨줘야 해요. 나도 이게 좋고요."

"나중에 아들 장가가면 어떻게 하시려고요?"

"장가? 내 말 잘 듣고, 일 잘하는 며느리 들이면 되지요 뭐."

"네? 아들과 계속 같이 사실 건가요?"

"내가 이 애를 어떻게 키웠는데요? 나 죽는 날까지 같이 살아야죠. 그게 당연한 거 아닌가요?"

생각 외로 이렇게 이야기하는 어머니가 많습니다. 특히 외아들을 둔 어머니, 남편 없이 홀로 아들을 키운 경우 두드러지는 특징입니다. 그런데 이렇게 집착하는 것은 아이를 양육하는 것이 아니라, 애완동물을 키우는 것입니다. 오로지 자기만족을 위해 아이를 키우는 것이라 할 수 있습니다. 올바른 양육은 엄마의 만족이 아니라 아이가 사회적으로 성장할 수 있게 도움을 주는 것에 한정되어야 합니다.

'우리 아이', '내 아이'라고요? 이런 호칭은 무심결에 아이를 강아지나 고양이 같은 애완동물로 생각하게 만듭니다. 아무리 어린 아이라 할지라도 하나의 독립된 인격체로 보고 존중해 주어야 하는 것이 부모의 가장 큰 역할이자 근원적 책임입니다. 사춘기에도 여전히 애완동물같이 보호 받고 자란 아이는, 성인이 되어서 스스로 생각할 수 있는 능력을 갖지 못하게 됩니다. '우리 아이를 위해 최선을 다한다.'는 생각은 어디까지나 부모의 착각일 뿐입니다. 사춘기 이후부터는 부모가 최선을 다할수록 아이에게 장애를 만들어 준다는 것을 명심해야 합니다.

걸음마를 막 시작하는 아이는 넘어지게 마련입니다. 그런데 아이가 넘어지는 것을 안쓰럽게 여겨 붙잡아 주면 아이의 걸음마가 늦어집니다. 생각이나 생활 역시 마찬가지입니다. 부모가 대신 생각하고 판단해 주기 시작하면 아이들은 스스로 판단하지 못합니다. 스스로 사고할 수 있는 능력이나 판단력이 없는 아이가 좋은 대학에 진학할 수 있을까요? 설령 입학했다고 해도 좋은 직장에 취업할 수 있을까요? 부모가 대신해 주는 것은 아이를 꼭두각시로 만드는 지름길입니다.

애정결핍이 가져온 비극

최근 청소년 아이들의 특징을 한 단어로 표현한다면 '애정결핍'입니다. 아이가 태어나면 몇 개월 지나지 않아 할머니나 할아버지에게 맡겨집니다. 그렇지 않으면 보육교사의 손에 길러집니다. 서너 살만 되면 어린이 집에서 보내는 시간이 훨씬 많아집니다. 초등학교를 거쳐 중·고등학교에 들어서면, 아이들에게 집은 단지 잠을 위한 공간입니다. 요즘 아이들의 인생에서 부모가 사라졌습니다. 물론 부모의 입장에서는 어쩔 수 없습니다. 한 사람의 벌이로 가정을 꾸려 나가기 무척 힘들기 때문입니다. 불가피하게 맞벌이를 해야 하고 그만큼 아이에게 관심을 줄 수 있는 시간은 줄어들 수밖에 없습니다.

더 큰 문제는 대가족의 해체입니다. 과거 대가족 사회에서는 할머니, 할아버지, 삼촌, 고모, 이모 등 다양한 가족구성원들이 부모를 대신할 수 있었습니다. 이들 가족이 부모만큼 아이들에게 잘해 주겠냐고 반문할지 모르지만, 최소한 보육시설보다는 몇 십 배 더 좋다고 단언할 수 있습니다. 아이들은 보육시설에서 다른 아이들과 경쟁을 시작합니다. 보육교사의 관심과 사랑을 조금이라도 더 받기 위해 처절한 투쟁을 시작합니다. 하지만 가정에서는 이런 경쟁이나 투쟁을 할 필요가 없습니다. 관심과 사랑을 독차지하면서 안정된 심리상태를 유지할 수 있습니다.

어린 시절 충분한 관심과 사랑을 받지 못한 아이들이 사춘기에 들어서면 그동안 곪았던 마음의 상처가 터집니다. 이 마음의 상처를 표출하지 못하고 내적으로 삭히는 아이도 있고, 격렬하게 표현하는 아이도 있습니다. 정도의 차이는 있지만 과거와 다르게 요즘 아이들의 사춘기가 특히 감당하기 어렵다고 하는 이유도 바로 여기에서 찾을 수 있습니다. 어린 시절부터 몸에 밴 경쟁 심리는 이기주의로 발전하여 도덕적 기준마저 허물어 버립니다. 내가 불편하면 도덕이나 공공질서쯤은 지키지 않아도 된다고 생각합니다. 더불어 세상 모든 일의 중심을 '나'라고 생각합니다. 과거의 우정이 평등한 관계였다면, 지금의 우정은 주종관계에 가깝습니다. 과거의 사랑이 상호 헌신과 신뢰였다면, 지금의 사랑은 애정에 대한 집착에 가깝습니다. 버릇없이 행동하고, 쉽게 포기하고, 참을성 없는 요즘 사춘기의 특징이 모두 일맥상통합니다.

요즘 부모들은 아이 키우는 방법을 알지 못합니다. 아니 배울 기회가 없었다는 게 더 정확한 표현일 것입니다. 대가족 사회에서는 부모의 역할에 대해 조부모의 직간접적인 '코칭'을 받을 수 있었지만, 지금은 그렇지 못합니다. 어떻게 해야 바른 가정교육이 되는지도 모른 채, 아이에 대한 모든 책임을 학교에 전가시키기 바쁩니다. 아이가 반찬투정을 해도 학교 탓, 아이가 버릇없이 행동해도 학교 탓, 어른들에게 반말을 해도 학교 탓하는 학부모가 수두룩합니다. 사회생활의 기본이 되는 예절과 매너는 전적으로 부모의 책임입니다. 아이가 욕을 입에 달고 산다면 100% 부모의 책임입니다. 아이가 인사를 잘 안 해도 역시 100% 부모의 책임입니다. 아이가 잘못된 행실을 하지 않도록 지도하고 감독하고 교육하는 일은 부모의 가장 큰 의무이자 권리입니다. 하지만 요즘 신세대 부모들은 바쁘다는 핑계로 아이에게 무관심합니다. '어린이집에서 교육해 주겠지', '학교에서 배우겠지'라며 부모가 해야 할 최소한의 의무마저 소홀히 하고 있습니다.

아이들의 의사소통 방법을 유심히 살펴보면 부모의 무관심을 추측할 수 있습니다. 무관심의 정도가 클수록, 그리고 애정결핍이 심할수록 의사소통에 미숙합니다. '분노발작' 증상을 쉽게 드러내고, 고집 부리면서 떼쓰는 행동과 말투를 많이 사용합니다. 이는 부모의 무관심을 대변해 주는 현상이고, 앞으로 아이가 '따돌림'을 받을 수 있는 결정적인 계기가 되기도 합니다. 특히 중학생으로 성장한 아이들은 부모의 무관심을 이성교제로 해결하려고 합니다. 이는 중학생 아이들이 성관계를 맺거나, 데이트 성폭력사건의 당사자가 되는 근원적인 이유입니다. 아이들의 이성교제는 더 이상 성적 호기심이 아니라 애정결핍을 보상 받고자 하는 심리적인 현상으로 이해해야 할 것입니다.

어머니의 살벌한 치맛바람

"우리 애는 매사에 의욕이 없어요. 머리가 나쁜 건 아닌데, 의지도 없고 끈기도 없고. 공부 좀 시켜 보려고 하면 금방 포기해 버리고, 내 속이 타 들어가요. 그러니까 내가 간섭을 안 할 수가 없어요. 그냥 혼자 놔두면 저 혼자 할 수 있는 게 아무것도 없어요. 옛날엔 그 나이면 나라를 구했는데, 이놈은 고등학생이 돼도 마냥 퍼져서 잠만 자려고 하고, 뭘 시켜 봐도 귀찮다고 안 한다고만 하고, 커서 뭐가 되려고 그러는지."

오늘도 윤석이 어머니는 아들의 모든 생활을 챙겨 줍니다. 일상생활은 물론 학교에서 생활하는 것과 학원 다니는 것까지 모두 어머니의 손바닥 위에 있어야 직성이 풀립니다. 가뜩이나 좋지 않은 아이의 성적 때문에 골치가 아픈데, 요즘에는 친구들 사이에서 따돌림 당하지 않는지도 신경 써야 하기 때문에 윤석이 어머니는 신경이 매우 날카로워졌습니다. 불안한 마음을 달래려고 담임선생님과도 수시로 통화하고, 잘 가르쳐 달라는 의미에서 학원 강사들을 모아 놓고 식사 대접도 했습니다. 우리는 이런 윤석이 어머니의 행동을 '치맛바람'이라고 말합니다.

어머니들의 치맛바람은 과연 아이들에게 도움이 될까요? 어머니의 치맛바람은 '불행의 씨앗'입니다. 특히 중학생 이후 '아이를 위한 엄마의 행동'은 엄밀히 따지면 '어머니 본인의 만족을 위한 행동'에 가깝습니다. 사춘기 아이들에게 어머니가 해야 할 일이 있다면, 식사시간에 밥 챙겨주는 것뿐입니다. 늦잠 자는 아이를 깨우거나, 책가방을 대신 챙겨 주고 학교에 데려다 주는 등의 행동 역시 어머니의 본인 만족일 뿐이지 진정으로 아이를 위한 행동은 아닙니다. 이런 어머니의 행동은 사춘기 아이의 정서적 발달에 전혀 도움이 되지 않습니다.

'어떻게 학교 안 가고 잠자는 아이를 가만 놔둘 수 있냐?'고 반문하실지 모르지만, 사실 한번쯤은 아이들 스스로 늦잠을 자면 안 된다는 사실을 자각할 기회를 주어야 합니다. 그렇지 않고 대학생이 될 때까지 엄마가 아이의 늦잠을 깨워 준다면, 아이는 왜 늦잠을 자면 안 되는지 평생 모르고 살아갈 수밖에 없습니다. 공부역시 마찬가지입니다. 아이 스스로 공부의 필요성을 느끼고 자율적으로 학습하는 방법을 습득하도록 기회를 주어야 합니다. 그렇지 않으면 아이 입장에서 공부는 어머니가 시켜서 어쩔 수 없이 하는 성가신 존재일 뿐입니다.

부모의 입장에서는 중학생이 된 아이도 여전히 어린아이입니다. 하지만 사회적으로는 어린이가 아니라 '청소년'으로 불립니다. 교복을 입고 다니면 더 이상 어린이 소리를 듣지 않습니다. 아이들 스스로도 성장을 직감하는 순간입니다. 그런데 청소년을 초등학생 아이와 똑같은 방법으로 키우려고 한다면, 아이의 내면에는 강한 욕구불만이 싹트게 됩니다. 이 욕구불만의 싹은 사춘기가 지나도 잘 드러나지 않습니다. 마치 '암'처럼 초기에는 아무런 증상도 나타내지 않고 조용하고 은밀하게 커집니다.

결정적으로 어머니의 치맛바람에 대한 욕구불만이 폭발하는 시기는 30세 전후입니다. 아이 스스로 가정을 꾸릴 준비를 하는 시기입니다. 이때 그동안 잠재되어 있던 부모에 대한 욕구불만이 폭발하는 것입니다. 그 원인은 심리적인 측면에서 찾아볼 수 있습니다. 그동안 보살핌이라고 생각했던 어머니의 치맛바람이 사실 본인에 대한 관심과 배려에 기반을 둔 것이 아니라 어머니의 자기만족에서 나왔다는 것을, 본능적으로 깨닫기 때문입니다. 어머니의 과도한 치맛바람을 경험해본 아이들의 공통점이 있습니다. 첫 번째는 성숙하지 못한 자아를 가지고 있다는 점이고, 두 번째는 부모를 신뢰하지 않는다는 점입니다. 어머니의 치맛바람은 아이가 성인이 되었을 때 예외 없이 불행을 가져다줍니다.

그래도 어머니 입장에서는 아직 어린아이 같은 중학생 자녀가 불안불안해서 가만 놔둘 수가 없습니다. 혼자 공부하는 방법도, 친구 사귀는 방법도 모를 것 같아 마음 조릴 때가 한두 번이 아닙니다. 그렇다면 어떻게 해야 할까요? 작은 것부터 아이들 자율에 맡기는 것으로 '네가 성장했다, 그리고 부모가 그만큼 믿는다.'는 것을 보여 주면 문제는 쉽게 해결됩니다. 기상 알람을 듣고 스스로 일어나는 습관을 들이게 하고, 학원의 선택권도 과감히 아이에게 맡겨 보아야 합니다. 시험 성적이 좋지 않으면 스스로 공부를 더 열심히 해야겠다는 생각이 들도록 해야지, 부모에게 혼나는 게 두려워 공부하게 해서는 안 됩니다. 현명한 어머니는 둥지에 있는 새끼에게 먹이를 물어다 주는 '어미 새'가 아니라 비바람이나 태풍에도 끄떡없이 든든하게 항로를 지켜주는 '등대'가 되어야 합니다.

최악의 남편감 1위, 마마보이

자녀에게 모든 것을 다 해 주고 싶은 것이 부모의 마음일 것입니다. 그런데 이런 선의의 배려가 결국 아이들을 병들게 만들기도 합니다. 영·유아기의 아이는 부모의 따뜻한 관심과 사랑을 받아야 합니다. 하지만 사춘기 아이들에게 과도한 관심과 사랑은 오히려 아이들을 엇나가게 하는 치명적인 요인이 됩니다. 특히 '판단' 부분에 있어서 부모의 개입은 매우 신중해야 합니다. 초등학생까지 거의 모든 결정을 부모가 해 주었다면 사춘기 이후에는 그런 행동을 멈추어야 합니다. 중학생이면 스스로 본인을 돌볼 수 있어야 하고, 고등학생이면 본인이 읽고 싶은 책이나 참고서는 스스로 결정해서 구입할 수 있도록 하는 게 좋습니다. 대학생이면 해외여행이나 금융업무까지 스스로 해결해야 합니다. 이 과정에서 부모의 조언이나 충고는 아이들을 옥죄는 조임쇠일 뿐입니다.

　부모 입장에서는 아직도 어린아이 같아 혼자 내버려 두면 불안 불안한 것이 사실입니다. 하지만 스스로 넘어지면서 배울 수 있는 기회를 줘야 합니다. 사춘기 시기부터 스스로 판단하는 능력을 기르지 않으면 성인이 되어서 '결정 장애'가 되기 쉽습니다. 더 이상 스스로 판단하지 못하고, 다른 사람의 조언이나 지시에 따라 자신의 삶을 결정하는 '수동적 삶의 비극'이 시작됩니다. 이렇게 판단력을 잃고 부모의 지시에 따르는 아이들을 '마마보이'라고 부릅니다. 아이의 성격이 소극적이거나 내성적이어서 마마보이가 되는 것이 아닙니다. 부모에게 판단력을 빼앗긴 아이가 마마보이입니다.

　'마마보이면 어때? 내가 죽을 때까지 우리 아들 보살필 거야.'라면서 아들에게 지나친 집착을 보이는 어머니들이 있습니다. 이렇게 마마보이로 성장한 아이는 친구들 사이에서 가장 먼저 집단따돌림을 맛보게 됩니다. 또래 친구들끼리 어울리지 못하고 겉돌며, 성인이 되어서 취업하기도 굉장히 어렵습니다. 기업 면접관들은 마마보이를 최악의 사원으로 꼽기 때문입니다. 그리고 마마보이 남자를 좋아할 여자가 세상 어디에 있을까요? 최악의 남편감 1위는 돈 못 버는 남자가 아니라 '마마보이'입니다.

　아이가 사회적으로 성공한 리더가 되기를 원하시나요? 방학 때만 되면 많은 아이들이 리더십 캠프에 참여하려고 줄을 섭니다. 그런데 사실 리더십 교육은 특별한 기술이 필요하지 않습니다. 스스로 판단하고 결정할 수 있는 기회만 계속 제공해 주면 리더십은 자연스럽게 습득됩니다. 요즘 청소년들을 보고 '생각이 어리다.'고 하는 어른들이 많습니다. 사실 알고 보면 어른들이 도무지 아이들에게 기회를 주지 않기 때문입니다. 실제로 청소년 아이들에게 기회를 주면, 기성세대 못지않게 일을 잘 처리하는 것을 볼 수 있습니다. 작은 기회라도 좋습니다. 아이들이 스스로 생각할 수 있는 기회를 최대한 제공하는 것이 미래의 글로벌 리더를 만드는 지름길입니다.

자녀가 고등학교에 가면, 부모가 해야 할 일은 혹시 모를 사고에 대비책을 세우는 것입니다. 마치 119구조대처럼 아이가 도움을 요청할 때 달려가 주면 그것으로 부모의 역할은 끝입니다. 119구조대가 평소 가가호호 방문하면서 가스레인지 사용법을 감시하거나 소화기 사용법을 교육하지는 않습니다. 대신 화재나 긴급 상황이 발생했을 때 누구보다 먼저 달려와서 인명과 재산을 보호해 줍니다. 사춘기 아이에게 부모도 이와 같은 존재여야 합니다. '우리 아들, 우리 딸, 내 아이'지만 대학생부터는 '남'입니다. 대학생 아이에게 부모가 해야 할 일은 '무관심'입니다. 성장기 아이에게 '관심'은 사랑의 방법이지만, 대학생 아이들에게 부모의 관심은 방해이자 간섭입니다. 아이를 불행하게 만드는 가장 쉬운 방법은 모든 일을 엄마가 대신해 주는 것입니다.

아버지는 독재자

아이들의 고민에 있어 큰 틀은 변함이 없지만, 세부적인 사항은 세월에 따라 조금씩 변해갑니다. 부모 중 아이들의 공부나 성적에 많이 관여하는 사람은 어머니입니다. 그래서 대부분의 성적 고민은 어머니와 밀접한 관계가 있습니다. 쉽게 말하면 어머니를 만족시켜 주거나, 어머니에게 혼나지 않기 위해 공부하는 아이들이 많다는 이야기입니다. 그동안 아버지와 성적에 대한 아이들의 고민은 그 빈도가 매우 낮았습니다. 그런데 최근 들어 아이들의 성적에 지대한 관심을 보이는 아버지들이 늘고 있습니다. 이런 추세는 아이들의 고민에 그대로 반영되고 있습니다.

성적에 대한 어머니와 아버지의 입장 차이는 사뭇 다릅니다. 어머니는 상대적인 비교에 중점을 두어 평가한다면, 아버지는 좋은 성적을 통한 사회적인 성공에 관심을 둡니다. 그래서 성적에 대한 아버지의 집착은 어머니의 관심에 비하여 훨씬 악독한 면이 있습니다. 경쟁사회의 구조를 몸소 체험하고 있는 아버지의 입장에서 '무조건 이겨야 한다.'는 성공 제일주의를 주입하는 것입니다. 거기에 '하면 된다'는 식의 무대포 정신이 더해져 마치 군대식으로 아이들을 관리하려고 합니다. 그런 아버지들은 스스로 매우 가정적이고 자녀교육에 열성적이라 생각할지 모르지만, 어디까지나 '아버지만의 착각'입니다.

성적에 집착하는 아이들이 쓴 고민을 보면 제3자의 입장에서도 숨이 막히는 경우가 많습니다. '성적이 좋지 않으면 얼차려를 받는다.', '세상 모든 일은 하면 다 된다. 너는 왜 못하느냐?'는 등 일방적이고 독재적입니다. 고민을 토로하는 아이들의 표정도 겁에 질려 사색이 된 경우가 허다합니다. 아버지의 윽박지르는 말투에 숨이 쉬어지지 않는다는 아이도 있습니다.

"제 고민은 아빠예요. 가부장적인 아빠는 제 이야기는 들어 볼 생각도 안 해요. 아빠 이야기만 제 머릿속에 주입하려고 해요."

"아빠는 저보고 공무원 하래요. 공무원 하려면 공부 열심히 해야 한다면서 공무원, 공무원 노래를 불러요. 그렇게 좋으면 자기가 하면 될 것을……."

"성적 나오면 꼭 아버지에게 확인 받고 앞으로 어떻게 공부할 건지 계획서 써서 검사 받아야 해요. 안 그러면 아버지가 잠도 못 자게 해요. 그런 정신으로 어떻게 사회생활 하냐고……."

아이들에게 아버지는 힘과 권위의 상징입니다. 아버지가 아무리 친절하게 이야기한다고 해도 민감한 사춘기 아이들의 경우 심리적인 압박감에 쉽사리 두려움을 느낍니다. 특히 여자아이의 경우 아버지의 성적에 대한 관심이나 사소한 언급만으로도 만성적인 불안장애를 겪는 경우가 있습니다. 남자아이는 쉽게 일탈하거나 아버지를 속이는 방법을 배우기 시작합니다. 그렇기 때문에 아버지의 입장에서 사춘기 아이들과 이야기하려면 매우 신중하고 조심스러워야 합니다. 아버지는 배려와 친절이지만, 아이들 입장에서는 억압과 폭력이 될 수 있기 때문입니다. 사춘기 아이를 키우는 가장 효과적인 방법은 어머니가 학업과 건강을 담당하고, 아버지가 예절과 사회생활을 담당하는 것입니다.

아버지의 역할	부모의 역할	어머니의 역할
예절, 매너, 사회생활, 공동체생활	교육 및 관심 분야	학업, 성적, 가정환경, 건강, 교우관계

그 누구도 가르쳐 주지 않았다

기준이는 학교에서 '문제아'로 지목된 아이였습니다. 중학교 1학년 기준이는 말할 때마다 욕을 했습니다. 선생님도 부모도 이 아이를 포기한 상태였습니다. 기준이는 욕 잘하고 싸가지 없는 아이로 모두에게 낙인찍힌 채, 우리 연구소를 방문했습니다. 기준이에게 말을 걸어 보았습니다.

"안녕."

"아이 씨X, 왜 또 그래요. 기분 X 같은데…… XXX."

거침없이 욕이 튀어나왔습니다. 당장 말문이 막혔습니다.

그런데 느낌이 조금 달랐습니다. 이상하게도 이 아이가 전혀 폭력적으로 생각되지 않는 것입니다. 일반적으로 욕하는 아이는 폭력성이 두드러지는데, 기준이는 욕하는 것에 비해 얌전하다는 느낌이 들었던 것입니다. 이름, 학교, 사는 곳, 성적 등 기본적인 개인 신상에 대해서 물어보았는데 예외 없이 욕설이 첨가된 답변이 돌아왔습니다. 성인 입장에서 중학교 1학년 학생에게 욕을 듣는 것은 쉬운 일이 아니었습니다. 대화를 이어가면서 이 아이에게 피해의식이 있음을 알 수 있었습니다. 하지만 여전히 풀리지 않는 수수께끼들이 많았습니다. 혹시……, 정말 혹시나 하는 마음에 아이한테 물어보았습니다.

"지금 기준이가 말하는 도중에 욕을 참 많이 하는데, 혹시 '욕하면 안 된다'는 이야기 들어 보았니?"

"네? 아니오."

아이의 대답은 충격적이었습니다. 부모, 교사를 통틀어 이 아이에게 '욕을 하면 안 된다'는 사실을 가르쳐 준 사람이 단 한 명도 없었습니다.

"그렇게 욕을 하면 듣는 사람은 기분이 나쁠 수 있어."

"네?"

무엇인가 충격을 받은 듯한 기준이에게, 말을 할 때 갖추어야 할 아주 기초적인 예절에 대해 설명해 주었습니다. 욕을 하면 상대방의 기분을 상하게 한다는 것, 어른과 대화할 때 사용하는 말투 등등.

"자, 그러면 어떻게 말해야 할까?"

"…… 욕하지 말아야 해요."

기준이는 혼란스러워 했습니다. 하지만 욕을 하면 안 된다는 것을 인식하였고, 기준이의 언어습관은 아주 빠르게 정상으로 돌아왔습니다. 학교에서도 다시 정상적인 생활을 할 수 있었습니다.

어떻게 그렇게 기본적인 것조차 모를 수 있을까요? 하지만 생각보다 흔하게 일어나는 상황 중 하나입니다. 요즘은 맞벌이 하는 부모가 늘어 가정교육이 거의 전무합니다. 자녀를 교육할 시간적인 여유가 없는 부모의 입장에서는 '유치원이나 학교에서 가르치겠지.'라고 생각합니다. 학교나 교사 입장에서는 당연히 '가정에서 가르치겠지.'라고 생각합니다. 하지만 정작 아이들은 어느 곳에서도 배우지 못합니다. '욕하면 안 된다.'는 단순한 상식을 아이는 배우지 못했습니다. 욕하는 현상만 보고 문제아 취급을 했고, 원인 파악도 없이 가정과 학교에서 버림받았던 것입니다. 아이는 원인도 모른 채 사회에서 소외되었고 피해의식이 생겼습니다. 스스로 마음의 담을 쌓기 시작했고 담은 더욱 높아졌습니다. 나쁜 짓인지 알고도 행했다면 질책 받고 비난받아 마땅합니다. 하지만 몰라서 그렇게 행동했다면 과연 그 아이의 책임이라고 할 수 있을까요?

지금 이 시간, 도서관에서도 이와 유사한 일이 벌어지고 있습니다. 도서관은 모두가 정숙해야 하는 조용한 공간입니다. 그런데 도서관에서 큰소리로 웃고 떠들거나 심지어 전화 통화를 서슴없이 하는 아이들이 많습니다. 어른들은 발소리도 나지 않게 조심스럽게 걷지만 아이들은 전혀 개의치 않습니다. 아이들은 왜 도서관에서 휴대전화 벨소리를 진동으로 바꿔야 하는지도 모릅니다. 도서관 직원이나 다른 어른들이 아이들의 이런 시끄러운 행동을 통제하면 아이들은 기분 나쁘다는 식으로 오히려 불만을 표출합니다. '타인에게 피해를 줄 수 있는 어떠한 행동도 하면 안 된다.'는 것이 기본적인 상식이고 인간으로서의 당연한 도리입니다. 이런 가치관은 어린 시절부터 아이에게 가장 우선적으로 교육해야 하는 것들입니다.

〈시기별로 권장하는 교육 가치관 및 예절〉

24개월 ~ 4세	인사하기, 욕하지 않기, 존댓말 하기
5세 ~ 8세	다른 사람에게 피해주는 행동 하지 말기
9세 ~ 12세	다른 사람 도와주기, 예의 바른 행동하기
13세 ~ 16세	모든 결과는 노력의 산물임을 알려주기

부모도 모르는
'공부해야 하는 이유'

"공부를 왜 해야 할까요?"

"공부 안 하면 엄마한테 혼나니까요."

우리는 초등학교 때부터 제도화된 공교육을 받습니다. 시험에서 좋은 성적을 받으려고 열심히 공부하고, 친구들과 선의의 경쟁을 펼칩니다. 성적은 평가의 대상이 되어 상급학교 진학에 중요한 요인이 되기도 합니다. 그런데 왜 공부를 해야 할까요? 국어와 수학, 영어는 왜 배울까요? 누구나 열심히 공부하라고 강요하는데 아무도 그 이유를 알려주지 않습니다. 어른들 역시 그 이유를 모르는 경우가 많기 때문입니다. 그저 '좋은 직장에 취업하려고, 잘 살려고'와 같은 막연한 이야기만 하게 됩니다.

"다 너 잘 되라고 그러는 거야, 공부 열심히 해야 좋은 대학에 들어

갈 수 있고, 좋은 대학 나와야 좋은 직장에 취직할 수 있잖아. 그러니까 공부나 열심히 해."

"그냥 교과 과목이니까 공부하는 거야. 시험에 나오잖아."

이런 이야기가 과연 아이들에게 설득력이 있을까요? 어른도 답을 잘 몰라 둘러대는 것이란 걸 아이들도 잘 알고 있습니다. '공부하라.'고 백 번 이야기하는 것보다, 공부를 해야 할 정확한 이유를 알려주는 것이 더 중요합니다. 그 이유가 납득될 때, 아이들은 스스로 공부를 시작하게 될 테니까요.

우리나라 공교육의 최종 목적은 '건전한 윤리의식이 있는 시민 및 근로자 양성'입니다. 어찌 보면 단순한 목표일 수 있지만 이게 생각보다 쉽지 않습니다. '건전한 윤리의식'을 가르치기 위해서는 윤리, 도덕 과목을 교육하기 전에 '수학' 교육이 필수적입니다. 윤리의식을 교육하는데 왜 수학이 필요할까요? 공교육에서 수학은 단순한 수리능력을 키우는데 국한되지 않습니다. 수학은 '보편적인 사고의 기반'이 됩니다. '1+1=2'는 누구나 알고 있는 공식입니다. 하지만 '1+1=2'라는 사실은 모두가 보편적으로 인정하고 있어야 '참'이라고 할 수 있습니다. 윤리의식도 이와 비슷합니다.

남의 물건을 훔치는 것이 나쁘다는 사실은 너무 당연한 듯 보이지만, 앞의 수학 계산식과 마찬가지로 누구나 보편적으로 인정하고 있어야 옳고 그름을 판별할 수 있습니다. 전혀 관계없을 것으로 생각할지도 모르지만 수학과 준법정신은 밀접한 관련이 있습니다. 그렇기 때문에 공교육기관에서 수학을 배우는 이유는 '보편성을 인정하는 법'을 배우는 과정이라 할 수 있습니다.

　국어를 배우는 이유는 많은 분들이 알고 있듯이 우리말을 배우기 위해서입니다. 조금 더 심도 있게 살펴본다면, 커뮤니케이션 능력을 신장하는 것이라 할 수 있습니다. 같은 언어교육이지만, 국어교육과 영어교육은 그 목적에 차이가 있습니다. 공교육에서 영어나 한자 등 다른 언어를 배우는 근본적인 이유는 의사소통보다 '정보의 습득'에 있습니다. 과거 고려와 조선시대에 선조들이 한자교육을 집중적으로 했던 이유는 당시 세상을 사는 지혜가 대부분 한자로 된 책으로 쓰여 있었기 때문이었습니다.

　현대사회에서 영어를 배우는 이유도 이와 다르지 않습니다. 요즘은 세상 대부분의 지식과 지혜가 영어로 기록되어 있습니다. 물론 이런 '많은 지식들'은 각국의 언어로 번역되고 있지만, 영어로 된 최신 지식을 바로바로 습득하는 가장 빠른 방법은 영어를 배워서 직접 습득하는 것입니다. 영어를 잘하게 되면 더 많은 정보나 지식을 습득할 수 있고 경쟁에서 상대적인 우위를 점할 수 있습니다. 단지 외국인에게 말 한마디 건네 보려고 많은 시간 공들여서 영어를 배우는 것이 아닙니다.

　기타 과학, 사회, 예술 과목 역시 '시민과 근로자'로 성장하는데 없어서는 안 될 중요한 요소입니다. 하지만 지금 우리나라의 학교에서는 이런 대의명분을 잃어버리고 오로지 시험성적에 목숨을 거는 모습을 보여 주고 있습니다. 그리고 사회적으로 '출세한다.', '성공한다.', '훌륭한 사람이 된다.'는 말에는 중요한 가치가 내포되어 있습니다. 출세한 사람, 성공한 사람이란 '모두가 잘사는 세상을 만든 사람'을 칭하는 것입니다. 단지 연봉이 높거나 연금이 평생 지급되는 것을 성공 혹은 출세라고 하지 않는다는 것이 중요합니다. 공부를 잘해야 하는 이유는 '나 혼자 잘살기 위함'이 아니라 '모두가 잘사는 좋은 세상을 만들기 위함'입니다.

 미국은 매년 허리케인으로 큰 피해를 입는 나라입니다. 미국에서 특히 이런 허리케인만을 전문적으로 연구하는 사람들이 있습니다. '스톰체이서Storm-chaser'라고 불리는 이들은 튼튼하게 개조된 차량에 기상관측장비를 싣고 다니면서 허리케인을 찾아다닙니다. 허리케인을 찾아다니는 것도 쉽지 않지만 더 어려운 것은 기상관측장비를 허리케인 중심부 쪽에 넣어서 허리케인의 특성을 제대로 파악하는 것입니다.
 한 스톰체이서 팀이 허리케인을 찾아다니고 있었습니다. 때마침 미국 내에서도 가장 큰 규모로 파악되는 어마어마한 규모의 허리케인이 눈앞에 나타났습니다. 이 팀은 이제 차량을 타고 허리케인의 중심으로 돌진하여 기상자료를 기록하기만 하면 일생일대의 업적을 남기게 될 것입니다. 그런데 그들은 이동 중에 무너진 집의 잔해에 깔려 고통 받고 있는 한 사람을 발견하게 됩니다. 스톰체이서의 리더는 서슴없이 명령을 내립니다.
 "허리케인 추적 포기하고 바로 무너진 집으로 가서 사람을 구합시다."

일생일대의 좋은 기회를 포기하고 한 사람을 구하기 위해 팀 전체가 이동합니다. 이 사실을 알게 된 취재기자가 질문을 했습니다.

"그때 왜 허리케인을 포기했나요?"

리더는 너무 당연하다는 듯 이야기했습니다.

"그야 사람의 목숨이 위험했기 때문이에요. 우리 팀이 허리케인을 연구하는 이유는 허리케인으로부터 사람들의 생명을 보호하기 위해서죠. 눈앞에 고통 받는 사람도 구하지 못하는데 어떻게 다른 사람을 구한다고 할 수 있겠어요."

우리나라의 교육 현실에 큰 경고를 하는 이야기입니다. 우리는 스톰체이서 리더와 같이 근본적인 목적과 이유를 잊지 않고 항상 머릿속에 되새겨야 합니다. 그래야 어디로 가야 할지 모르고 방황하는 교육을 제 길로 가게 할 수 있습니다.

공부하는 방법은 어디서 배우나?

"진짜 공부를 잘하고 싶은데 어떻게 해야 할지 모르겠어요."
 "열심히 해야지 뭘 어떻게 해?"
 "공부하는 방법을 모르겠다고요."
 "열심히! 외워! 다 달달 외워. 그러면 되지 뭐."
 "어휴……."
 "그러니까 네가 공부를 못하는 거야? 요령이나 피우려고 하고……."
 "그게 아니라……."

아이들이 공부를 못 하고 싶을까요? 아이들은 모두 공부를 잘하고 싶습니다. 그런데 여러 가지 이유로 공부를 잘하기도 하고, 못 하기도 할 뿐입니다. 그러면 우리 아이들은 공부를 하는 방법은 알고 있을까요? 지금 청소년 아이들이 생각하는 공부 방법은 문제집을 푸는 것입니다. 원인이나 결과 파악, 그리고 논리가 전혀 없습니다. 문제와 답을 통째로 암기해 버리는 공부를 하고 있습니다. 물론 이렇게 암기하는 것도 공부에 도움이 됩니다. 그렇지만 창의력이나 추리력은 전혀 키울 수 없습니다. 주입식 교육이 부정적인 이유는 바로 이 때문입니다. 아이들은 그저 문제집만 풀면서 공부한다고 생각합니다. 그리고 전자사전을 들고 다니면서 자신이 모든 영어 단어를 알고 있다고 착각하고 있습니다.

"이 단어 뜻이 뭐니?"

"그거 전자사전에 찾아보면 나와요. 잠깐만요."

이렇게 대답하는 아이는 그 영어 단어를 모르는 것입니다. 그런데 아이들은 그 사실을 부정합니다. 전자사전을 들고 있으면 단어를 '알고 있다.'고 착각합니다. 영어단어뿐만 아니라, 다른 과목 역시 인터넷 검색하면 나온다는 이유로, 스마트폰을 가지고 있다는 이유만으로 '알고 있다.'고 말합니다. 모르고 있다는 사실 자체를 모르고 있는 답답한 실정입니다.

우리는 흔히 암기과목과 응용과목이 나눠진다고 생각하지만, 사실 모든 과목은 암기와 응용을 병행해야 합니다. 무작정 문제집을 풀기보다는 과목과 단원에 대한 큰 흐름을 파악하고 인과관계를 유추해 보면 생각보다 어렵지 않게 문제를 풀 수 있습니다. 그렇게 하기 위해서는 교과서를 정독하는 것이 중요합니다. 명문대 수석 입학하는 학생이 '교과서 위주로 공부했어요.'라고 이야기하면 우리들은 쉽게 비웃어 버리고 믿으려 하지도 않습니다. 그저 '누구 약 올리나?' 하는 심정으로 바라보기도 합니다. 하지만 실제로 공부를 잘하는 아이들은 교과서를 정독하고 내용을 정확히 이해하는 것에서 출발합니다. 어떤 과목이든 교과서를 3번만 정독하면 문제집 여러 번 풀어 보는 것보다 더 효과적입니다.

공부는 항상 진지하고 어렵게 하는 것이 아닙니다. 정말 수업을 재미있게 하시는 화학 교수님이 한 분 있었습니다. 이 교수님은 강의시간에 여러 가지 이야기를 들려줍니다. 생활에서 일어나는 에피소드도 있고, 소설이나 영화 속 이야기도 있습니다. 그런 재미있는 이야기를 두세 시간 동안 듣고 있노라면 어느새 강의시간이 끝나버립니다. 단지 이야기 몇 개만 들었는데 그 이야기 안에 수많은 화학적인 전문지식이 수두룩하게 녹아 있었던 것입니다. 당연히 많은 학생들이 화학에 대한 이해가 높아졌고, 모두 흥미롭게 그 수업을 들을 수 있었습니다. 가장 좋은 교육은 생활 속에서 흥미를 갖도록 해주는 것입니다.

아이들의 진로는 코스요리?

우리 아이들이 알고 있는 직업은 몇 가지일까요? 중·고등학생을 대상으로 설문조사 한 결과 대략 20여 개 내외의 직업을 알고 있다고 답하였습니다. 현재 우리나라에는 약 9천여 개의 직업이 존재한다고 합니다. 아이들이 알고 있는 직업은 1%도 되지 않습니다. 사라지는 직업도 있지만, 그보다 새롭게 만들어지는 직업의 수가 훨씬 더 많습니다. 우리나라에 존재하는 직업의 수가 1만 개에 달할 날도 머지않았습니다. 비단 아이들 문제뿐만 아닙니다. 어른들도 자신이 일하고 있는 분야를 제외하면 어떤 직업의 세계가 펼쳐져 있는지 상상하기 쉽지 않습니다.

사춘기 아이들의 입장에서 비극적인 일이 있습니다. 아이들의 진로가 미리 정해져 있다는 점입니다. 아이들에겐 직업과 직장을 선택할 권한이 하나도 없습니다. 마치 레스토랑의 코스요리처럼 모든 진학과 취업이 하나의 패키지로만 존재합니다. 명문이라고 불리는 중학교와 이름 있는 고등학교를 거쳐, 서울에 있는 상위권 대학교에 간 후, 대기업에 취업하는 '대기업 패키지'. 많은 학생들이 '대기업 패키지' 같이 미리 짜여 진 진로를 선택합니다. 진로를 결정하고자 자아성찰하거나 적성을 발굴할 필요도 느끼지 못합니다. 대기업 패키지에 맞는 인성과 자아를 암기하고, 대기업 취업을 위한 적성을 본인의 적성인양 거짓으로 치장합니다.

대기업 패키지만 존재하는 것이 아닙니다. '의사 패키지', '변호사 패키지', '금융권 패키지', '공무원 패키지' 등등 미리 짜인 계획에 맞추어 그저 따르기만 합니다. 오로지 취업만을 생각한다면 효율적이라고 할 수도 있겠지만, 이렇게 패키지로 진로를 결정하는 아이들은 대부분 원하는 직장에 취업하더라도 3년 이상 근무하지 못하고 이직하거나 사직합니다. 그리고 평생을 방황하면서 '내가 무엇을 해야 하는지?'에 대한 답을 찾지 못한 채 나이들어 가게 됩니다.

패키지식 진로는 사회구조가 복잡하지 않았던 과거 조선시대에나 어울리는 방법입니다. 전 세계가 실시간으로 소통하는 요즘 시대상황에는 맞지 않습니다. 오히려 역효과 나는 경우가 태반입니다. 지금 대학 졸업 후 취업 못 하고 있는 젊은이들의 공통점이 무엇인지 아시나요? 패키지 생활에 익숙해져 있다는 점입니다. 스스로 생각하고 판단하는 능력을 상실해 버리고 누군가의 지시와 명령만을 따르는 노예 같은 삶을 살게 된 것입니다. 패키지로 묶여 있는 틀이 깨지면 마음이 무너져 내리면서 정신을 못 차리고 헤매기를 반복하게 되는 것입니다. 그렇기 때문에 스스로 선택하고 개척하는 정신은 매우 중요합니다. 리더십 캠프에 참가하고, 창의력 교육을 받는다고 사고력과 판단력이 좋아지는 것은 아닙니다. 생활의 많은 영역에서 스스로 생각하는 습관을 들이도록 해야 합니다. 하지만 우리 사회는 청소년들에게 생각할 수 있는 시간이나, 자율적인 선택권을 주지 않습니다. 어리고 실수할지도 모른다는 쓸데없는 걱정으로, 청소년들이 짜인 틀에서 정해진 방향으로만 움직이도록 강요하고 있습니다.

우리사회는 알게 모르게 수만 명의 학생들을 수동적인 인간으로 만들어 버렸고, 한두 명의 우연한 성공이 마치 전체인양 매스미디어를 통해 과대 포장하고 있습니다. 패키지식 진로교육으로 성공할 확률은 거의 없습니다. 필연적으로 99%가 넘는 실패자를 양산하고, 심지어 이들을 의지가 없고 나약하다고 매도하기까지 합니다. 이렇게 희망을 잃은 아이들은 두 번 다시 회복할 수 없습니다. 스스로 마음을 치유할 기회도 박탈 당한 채 황금 같은 20대를 사회의 실패자로 낙인찍히며 꿈없이 살아가고 있습니다.

상처만 주는 '하면 된다.'

패키지식 진로는 분명히 많은 사회적인 부작용을 낳고 있습니다. 그런데 도대체 왜 이런 방법이 만들어졌을까요? 불과 1980년대만 하더라도 패키지식 진로 설정은 매우 효과적이었습니다. 그러나 간과하지 말아야 할 점은 그 당시의 사회적 배경입니다. 1990년대 초반까지 우리나라는 매년 고도성장을 이루며 발전하는 사회였습니다. 사회가 성장하면서 기업이 늘어나고, 그에 맞추어 일자리가 매년 늘어났습니다. 고등학교만 졸업하더라도 문제없이 취업을 할 수 있었습니다. 더구나 대학까지 졸업하면 더 좋은 직장에 쉽게 취업할 수 있었습니다. 이때 만들어진 것이 패키지식 진로입니다.

그런데 지금 우리의 사회적 배경은 어떤가요? 2000년대 이후 우리

나라의 경제는 고도성장에서 저성장 혹은 성장이 없는 정체기로 접어들었습니다. 사회가 성장하기는커녕 오히려 축소되고 있습니다. 중소기업뿐만 아니라 대기업도 무너지고, 투자를 꺼리는 분위기가 확산되었습니다. 더 이상 새로운 일자리가 없습니다. 오히려 명예퇴직이 유행처럼 번지면서 회사들은 인원감축을 실시했습니다. 신입사원은커녕 베테랑 전문가들도 일자리가 없어 전전긍긍했습니다. 가뭄에 콩 나듯 생기는 일자리를 차지하기 위해서 학력에 투자를 하기 시작합니다. 대학 학사만으로도 부족하여 석사, 박사과정에 뛰어듭니다. 토익과 토플 등 외국어 공부에도 열을 올립니다. 그렇게 스펙을 쌓아도 경쟁력 차이가 나지 않아 이제는 봉사활동이나 해외유학까지 떠납니다.

젊은이들이 게으르고 머리가 나빠서 취업을 못 하는 것이 아닙니다. 사회가 축소하고 있기 때문에 기회가 줄어든 것뿐입니다. 지금 아이들이 보고 듣고 생활하는 환경은 부모의 성장배경과 180도 다릅니다. 부모세대에서 만들어진 패키지식 진로계획이 지금도 통용될 수 있을까요? '하면 된다!'고 밀어붙이면 정말 가능하다고 생각하시나요? 더 이상은 불가능합니다. 이런 부모의 맹신이 오히려 아이들의 마음만 갈기갈기 찢고 있습니다.

그렇다면 우리 아이의 진로는 어떻게 결정해야 할까요? 진로는 아이들이 스스로 찾도록 해야 합니다. 단, 부모가 해야 할 중요한 일이 있는데, 아이들이 바른 가치관을 가질 수 있도록 도움을 주는 것입니다. '남을 속이는 것도 괜찮다. 그래야 돈 번다.'는 식의 충고는 매우 위험합니다. 과거 사회구조가 느슨했을 때는 문제없이 살아갈 수 있었겠지만, 현대사회같이 치밀하고 복합적인 구조를 가진 사회에서 이렇게 행동한다면 당장 범죄자가 될 것입니다. 현대사회에서 아이들이 가져야 할 바른 가치관을 정리해 보면 다음과 같습니다.

> **가치관1_** "의도했든 의도하지 않았든, 다른 사람에게 어떠한 피해도 주지 말자."
> **가치관2_** "나보다 약한 사람은 최선을 다해서 보호하고 배려하자."
> **가치관3_** "세상에 공짜는 없다. 모든 일에는 항상 그에 상응하는 대가가 따른다."

위 세 가지 가치관은 구글이나 애플 등 21세기에 세계를 재패하고 있는 글로벌 기업의 인재상과 정확히 일치합니다. 그리고 이 가치관은 거의 모든 인문학이 추구하는 인간의 바른 모습이기도 합니다. 지금 '글로벌 리딩 컴퍼니 Global Leading Company'들은 시험에서 만점을 받은 사람보다, 남에게 피해를 주지 않는 사람을 우선적으로 채용하는 원칙을 가지고 있습니다.

아이가 사춘기 이전의 초등학생이라면 위의 세 가지 가치관을 수시로 교육하고, 이 가치관에 위배되는 행동을 한다면 용서 없이 크게 혼내야 합니다. 그리고 사춘기 이후의 아이들은 스스로 이 가치관을 습득할 수 있도록 다양한 경험을 제공해 주어야 합니다. 주말에 자유롭게 여행을 갈 수 있는 철도티켓을 선물해 주는 것도 매우 좋은 방법입니다. 사춘기의 다양한 여행과 경험은 가치관 형성에 큰 도움이 됩니다. 주의할 점은 부모가 대신해서는 안 된다는 점입니다. 여행을 같이 따라다니면서 이래라 저래라 하면, 오히려 아이들의 앞길을 가로막게 됩니다. 자신의 아이들을 믿고 맡겨보세요. 여러분의 자녀는 부모의 생각보다 훨씬 더 현명합니다. 분명히 잘 해낼 것입니다. 아이들의 꿈은 부모가 정해 주는 것이 아니라, 아이들 스스로 가슴에 품게 되는 것입니다.

세상에서 제일 싫은, 우리 엄마

"아, 진짜 우리 엄마 짜증나요!"

"무슨 일인데?"

"우리 엄마 성격 때문에 너무너무 힘들어요. 시험 성적 안 오르면 막 화내고, 그냥 손으로 막 머리 때리고 욕도 해요. 날 계단에서 밀어 떨어뜨리려고도 했어요. 엄마도 공부 잘 못 했으면서 나한테만 그래요. 근데 더 웃긴 건 나를 위해서 그런데요. 엄마 자존심 때문에 그러는 거 다 아는데. 어떨 때는 진짜 엄마가 사고로 죽어 버렸음 좋겠어요."

왜소한 체격이지만 다부진 표정의 여고 1학년 승희는 흥분을 조금 가라앉히고 다시 이야기를 이어갔습니다.

"근데 어떤 친구는, 시험 보고 집에 가면 엄마가 햄버거랑 치킨 사 놓고 기다린대요. 시험 보느라고 고생했다고. 항상 시험 보는 날이 치킨 먹는 날이래요. 세상에 어떻게 이럴 수가 있어요? 난 시험 날이 죽는 날인데……. 너무 불공평한 것 아니에요? 그 친구가 나보다 공부를 잘하는 것도 아니에요. 나도 그런 엄마 있었으면 좋겠어요."

아이들이 사춘기가 되면 어머니에 대한 평가를 적극적으로 시작합니다. 다른 친구들의 어머니와 비교하기도 하고, 그동안 자기를 키워 왔던 어머니의 양육방식을 되짚어 보기도 합니다. 그래서 이런 아이들의 발언에 어머니가 오히려 당황하고 '우리 아이가 반항을 시작했다.'고 말하기도 합니다. 사실 반항이라기보다는 새로운 사고의 영역이 발달되고 있는 과정이라고 보는 게 더 정확합니다.

사춘기 아이의 입장에서 현명한 부모의 역할은 등대와 같다고 할 수 있습니다. 등대는 비바람이 치거나 태풍이 불어도 제자리를 떡하니 버티고 갈 길을 안전하게 안내해 줍니다. 부모 역시 등대와 같이 가정에서 '부모'의 자리를 지키고 생활하기만 하면 됩니다. 아이들을 항상 격려해 주면 금상첨화일 것입니다. 사춘기 아이들의 성적에 관여하거나 친구관계에 간섭한다면 아이는 단번에 반항심을 드러내고 부모를 신뢰하려 하지 않습니다. 부모가 성적이나 진로 이야기 안 하고 든든하게 자리를 지켜 주기만 해도 아이들은 스스로 많은 일들을 해낼 수 있습니다. 심지어 집단따돌림이나 학교폭력을 슬기롭게 극복해 내기도 하고, 성범죄의 피해자가 되었던 경우에도 정상적인 생활로 빠르게 회복하는 모습을 보여주기도 합니다.

한 중학교 여학생이 40대 아저씨한테 강제로 끌려가서 성폭행을 당한 사건이 있었습니다. 오랜 시간 동안 야산에서 성적으로 유린 당한 이 아이는 얼마나 무섭고 두려웠을까요? 범인이 잡혀 사건은 표면적으로 마무리되었지만, 아이의 몸과 마음에 남겨진 씻을 수 없는 깊은 상처는 쉽게 나을 수 있는 것이 아니었습니다. 하지만 이 어머니는 아이에게 어떤 비난도 하지 않았습니다. "네 잘못이 아니야. 네가 잘못한 건 하나도 없어. 괜찮아 엄마가 같이 있어 줄게."라며 아이를 격려하고 지지해 주었습니다. 몇 개월이 지나자 놀랍게도 아이는 정상적인 생활을 할 수 있을 정도로 정서적으로 완벽하게 회복되었습니다. 세상이 모두 아이를 비난하더라도 단 한 사람, 어머니는 항상 아이 편에서 격려하고 든든하게 지지해 줘야 합니다. 그러면 아이는 사춘기를 스스로 잘 마무리하고 훌륭한 성인으로 성장할 수 있을 것입니다.

왜 우리 선생님은 선생님이 되었을까?

우리 사회는 유난스럽게 교사에 대해 높은 도덕성을 요구합니다. 교직에 근무했던 사람이 범죄를 저질렀다는 이야기를 들으면 더욱 심하게 분개합니다. 아이들의 생활을 지도하고 본보기가 되는 중요한 직업이다 보니, 교사는 도덕적이어야 한다는 사회적 공감대가 형성되어 있는 것으로 풀이됩니다. 그런데 비록 적은 수이기는 하지만, 아이들도 선생님에 대해서 고민하고 있습니다.

"저는 학교폭력 피해자예요. 저뿐만 아니라 맞고 다니는 아이들이 절반이 넘어요. 우리들이 선생님에게 우리 교실에서 학교폭력이 있었다고 이야기했는데, 가해자가 반에서 항상 공부 1등 하는 애였어요. 선생님이 그 애는 착한 애라고, 우리들이 모두 잘못한 거라고 단체로 벌을 주셨어요. 아직도 억울해요. 왜 그래요? 공부 잘하면 다른 애들 때려도 돼요? 공부 잘하면 사람 죽여도 돼요?"

"우리 담임선생님은 우리에게 관심이 없어요. 수업이 없으면 항상 학교 밖으로 놀러 나가요. 학교에서 선생님 얼굴 보기가 힘들어요."

"저희 담임쌤은 아줌마인데요. '돌싱'이래요. 돌싱이 뭔지 몰랐는데, 자기가 이혼했대요. 자기는 돌아온 싱글이라고, 우리들 괴롭히는 게 취미라고 그래요. 완전 이상해요."

"반에서 10등 안에 못 드는 애들은 모두 무능력자래요. 선생님은 공부 잘하는 아이들 담임이지 나머지 애들 담임은 아니래요. 공부하는 애들 방해하지 말고 조용히 잠만 자래요."

선생님은 아이들의 '성적'보다 인간 됨됨이에 더 가치를 두고 훈육해야 합니다. 학부모가 성적만 가지고 이야기한다고 동조할 필요는 없습니다. 교사는 그런 무지한 학부모 역시 가르칠 사회적 의무가 있습니다. 과거 선생님의 역할은 공부를 가르치는 것에 집중되어 있었습니다. 그런데 시대가 변화하며 선생님의 역할에도 변화가 요구되고 있습니다. 대가족의 붕괴와 맞벌이 가정의 증가로 가정교육이 제 기능을 하지 못하고 있습니다. 그래서 가정교육 대신 공공교육에서 가정교육의 기능을 일부 대신해야 는 상황입니다. 국·영·수 과목에 집중하기 이전에 도덕, 윤리, 사회, 가정교육을 우선적으로 실시해서 사회구성원으로서 지켜야 할 최소한의 예의범절과 상식을 가르쳐야 합니다. 그 후 국·영·수에 집중하거나 예술, 스포츠 등 각자의 전문 분야를 추가하는 교육이 이루어져야 합니다. 이 순서를 헷갈리면 안 됩니다.

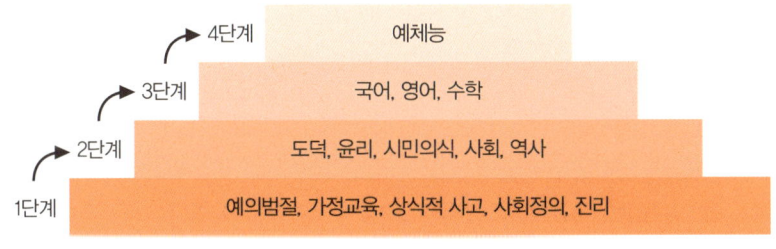

〈붕괴된 가정환경에서 성장한 아이들을 위한 단계별 교육 순서〉

'선생이 공부만 잘 가르치면 되지, 왜 아이들 예절교육까지 맡아야 하냐?'며 불만을 가질 교사가 있을지도 모르겠습니다. 우리나라에서 선생님, 즉 교사는 평생 보장된 안정된 일자리임에 틀림없습니다. 그런데 왜 국가에서 그렇게 안정성을 보장해 주는지 알고 있나요? 그 내면에는 국가를 이끌어 갈 인재를 바르게 키워 달라는, 아이들 교육에 집중해 달라는 의미가 있습니다. 그만큼 막중한 책임과 개인의 희생이 필요한 자리라는 뜻입니다. 교사 개인이 잘나서 안정을 보장해 준다고 착각하면 안 됩니다.

혹시 지금 아이들의 장래 직업으로 교사를 추천하고 있지는 않나요?

안정된 일자리를 원한다면 절대 교사를 하면 안 됩니다. 어떻게든 학생 한 명이라도 제정신 박힌 성인으로 키워 보겠다는 불타는 열정과 희생정신이 있는 사람이 교사를 해야 합니다. 이런 희생정신과 사명감이 없는 사람이 교사가 된다면, 사회가 무너지는 것은 물론 국가의 존폐 위기를 걱정해야 하는 심각한 상황까지 처하게 됩니다. 반대로 나라가 망해가는 상황에서도 교사의 사명감이 투철하다면 그 나라는 놀라운 발전을 이룰 것입니다.

지금의 대한민국이 될 수 있었던 이유는, 심훈의 소설 〈상록수〉에 나오는 주인공 '채영신'같이 야학을 통해서 민족에게 가르침을 주고자 했던 진정한 교육자들이 있었기 때문입니다. 우리는 절실하게 이런 교육자, '선생님'을 원하고 있습니다. 지금 교직에서 아이들을 가르치고 계신가요? 건전한 가치관과 바른 마음을 가진 훌륭한 인재양성에 힘써 달라고 간곡하게 부탁드립니다. 이 일을 할 수 있는 사람은 지금 교직에 있는 선생님들뿐입니다.

사춘기 아이들이 진짜 원하는 것

아이들이 원하는 것은 무엇일까요? 안정된 직장, 많은 돈, 부유한 생활, 출세 등을 생각하시는 분들이 많을 것입니다. 그런데 지금 나열한 것들은 어른들이 바라는 것입니다. 아이들도 이와 같다고 생각하면 큰 착각입니다. 돈이나 권력 같은 것들의 욕구는 사회생활을 해본 어른들만 알 수 있는 것이기 때문입니다. 우리 아이가 '안정된 직장'을 바란다고 했다면 그것은 아이가 진심으로 원하는 것이 아니라 부모나 드라마를 통해서 무의식적으로 세뇌된 결과입니다.

실제로 아이들이 진심으로 원하는 것이 무엇인지 근원까지 파헤쳐 보면 한 가지로 수렴됩니다. 그것은 '행복'입니다. 가족의 행복일 수도 있고, 나의 행복일 수도 있습니다. 아이들이 원하는 진짜 행복은 무엇일까요? 돈 많이 벌어오는 아버지가 아니라, 퇴근하면서 붕어빵 한 봉지를 손에 들고 오는 아버지입니다. 직장생활 하는 커리어우먼 어머니가 아니라, 언제든지 포근하게 기댈 수 있는 어머니입니다. 이렇게 이야기하면 부모님들은 당장에 반문합니다.

"돈을 벌어야 너희들 먹여 살리지. 돈이 있어야 행복한 거야. 그래야 먹고 싶은 것 먹고, 사고 싶은 것 사고, 너희들 학원도 보낼 수 있고."

그런데 가만히 생각해 보면 이 말은 단지 어른들의 생각일 뿐입니다. 아이를 행복하게 하는 것은 50평짜리 아파트도 아니고, 외제 승용차도 아닙니다. 아이들은 따뜻한 가정에서 행복을 찾습니다. 자기의 이야기를 잘 들어 주고 공감하고 격려해 주는 부모에게서 행복을 느낍니다. 부모로부터 사랑을 받는다고 느끼면 행복하다고 생각합니다. 그런데 대부분의 부모들이 돈으로 이런 행복을 대신하려고 하니 문제가 되는 것입니다. 돈으로 사랑이나 관심을 사는 것은 매우 어렵습니다. 그렇지만 부모들은 돈이 부족해서 '정서적 행복'을 사지 못한다고 착각해, 한도 끝도 없이 돈만 버는 기계로 전락해 버리는 것입니다.

부모가 보기에 사춘기 아이들은 항상 불평불만을 입에 달고 사는 것 같습니다. 도대체 뭐가 부족해서 그런지 이해가 안 간다고 합니다. 그런데 아이들에게 정말 부족한 게 분명히 있습니다. 부모의 관심과 사랑입니다. 우리 아이들은 어린이집에서부터 경쟁사회를 체험합니다. 학교에서는 더욱 치열한 공부 경쟁에 숨쉴 여유조차 없습니다. 태어나서부터 취업을 할 때까지 대략 30년간을 쉬지 않고 경쟁사회에서만 생활합니다. 지금 부모님들의 어린 시절을 생각하면 이렇지 않았습니다. 최소한 초등학교 입학 전까지는 부모나 가족의 따뜻한 보살핌을 받았습니다. 그렇기 때문에 부모세대는 '정'이 남아 있고, '인간미'가 있다고 말할 수 있는 것입니다.

우리 청소년들에게 사랑과 관심을 잠시나마 되돌려 주는 게 필요합니다. 15살 사춘기 아이라도 아직 어머니 품에 어리광 부리고 싶은 아이입니다. 아버지에게 의지하고 잠시 기대려는 것도 너무나 당연합니다. 사춘기 청소년들은 완벽한 어른이 아닙니다. 아직 어린 '아이'입니다. 생존경쟁은 어른이 되어서 시작해도 늦지 않습니다. 아니 오히려 사랑을 듬뿍 받고 자란 아이가 어른으로 성장했을 때 경쟁에서 이길 확률이 훨씬 높습니다. 부모의 사랑을 바탕으로 한 에너지가 가득 차 있기 때문입니다.

4장

어른들의 솔루션 vs 아이들이 바라는 솔루션

아이들의 고민에 대해 어른들은 어떻게든 해결책을 제시하려고 합니다. 하지만 그들이 진짜 원하는 것은 해답이 아닙니다. '내가 지금 이런 고민을 하고 있으니 알아주세요.'라는 완곡한 표현인 것입니다. 그러니 어른들이 해야 할 일은 잘 들어주고 어깨를 두드려주는 것입니다.

어른들에겐 사소한, 아이들에겐 죽고 싶은

청소년들이 적어 놓은 고민을 보고 대부분의 어른들은 이런 반응을 보입니다. '아무것도 아닌 걸 가지고 고민을 하고 있네. 그럴 시간에 공부나 하지.' 어른의 입장에서 청소년들의 고민은 가치조차 측정할 수 없는 사소한 것일 수 있습니다. 하지만 이런 '사소한 고민' 때문에 우리 사회의 아이들이 우울한 상황에 빠지고, 자살을 생각하기도 한다는 점을 감안하면 결코 사소하다고 할 수 없습니다.

아이들의 고민에 대해서 어른들이 제시하는 솔루션은 대부분 '넌 지금 어려서 모른다. 시간이 지나고 어른이 되면 알게 된다.'는 식의 권위적인 태도를 취합니다. 사실 아이들의 고민을 살펴보면 생각보다 심도 깊은 내용이 많이 있습니다. '어떻게 살아야 행복하나요?', '좋아하는 일을 해야 하나요, 돈을 많이 버는 일을 해야 하나요?'와 같이 어른이 되어서도 풀지 못하는 철학적인 문제도 많습니다. 불과 몇 십 년 전 어른들이 했던 고민과 별반 다르지 않습니다. 지금 부모님들은 과거 청소년기에 어떤 고민을 했고 어떤 답을 얻었나요?

한 중학생이 쪽지에 한가득 고민을 적어서 보낸 적이 있었습니다. A4 용지 가득 깨알 같은 글씨로 지금 본인이 처해 있는 상황과 괴로운 심정을 담아 내었습니다. 부모님이 이혼을 준비 중이고, 부모가 서로 자기를 데려가겠다고 밤낮으로 싸운다는 내용이었습니다. 막장드라마 같은 이야기가 하얀 종이에 빼곡하게 적혀 있었습니다. 그 아이의 문제를 누가 어떻게 해결해 줄 수 있을까요? 굳어진 표정으로 쪽지를 읽어 내려가다 마지막 한 줄에서 시선을 뗄 수 없었습니다.

'선생님, 제 고민 끝까지 읽어 주셔서 감사합니다. 고민에 답을 해 주신다고 했는데 답은 필요 없고, 이렇게 제 고민을 말할 수 있는 기회를 주셔서 감사합니다.'

잘 들어 주는 것이 최고의 상담기법이라는 이야기가 있습니다. 사실입니다. 말을 하려면 스스로 생각을 더 많이 해야 하고, 나름대로 정리가 필요하기 때문에 고민을 말하다 보면 스스로 해결방안을 찾거나 괴로움이 해소되는 경우가 많습니다.

다른 중학생 아이도 상담실을 찾아와 고민을 이야기했습니다.

"공부하는 게 너무 괴로워요. 제 꿈을 이루려면 더 열심히 해야 하는데 의지가 약해져요."

공부도 잘하고 성적도 좋은 아이여서 이렇게 말해 주었습니다.

"넌 지금 잘하고 있으니 걱정하지 마라."

그 아이는 금세 기분이 좋아져서 되돌아갔습니다. 몇 주 뒤 그 아이가 다시 방문했습니다. 그 아이는 똑같은 고민을 이야기했고, 저 역시 '걱정하지 마라. 잘하고 있다.'고 격려해 주니 다시 기분이 좋아져서 돌아갔습니다. 그런데 얼마 후 그 아이가 다시 방문해 똑같은 고민을 털어놓았습니다. 왜 계속 같은 고민을 이야기하는지 아이에게 물어 보았습니다.

"저……, 사실은…… 그 말이 듣고 싶어서요. 잘하고 있다고, 걱정하지 말라고……."

아이의 눈에서는 눈물이 주르르 흘러내렸습니다. 아무도 아이에게 잘하고 있다고 격려해 주고 칭찬해 주지 않았던 것입니다. 오히려 질문했던 제가 더 무안하고 아이에게 미안해졌습니다.

과연 가정에서 부모님들은 우리 아이들의 이야기를 얼마나 잘 들어주나요? 엉뚱한 고민만 한다고 타박하지는 않나요? 공부만 잘하면 해결된다고 아이들의 의견을 묵살하고 있지는 않는지요? 고민하는 아이들이 원하는 것은 '모범 답안'이나 '명확한 솔루션'이 아니라 어른들의 따뜻한 관심과 정서적 지지입니다.

그런 친구랑은 사귀지 마!

"이게 다 친구들 때문이라니까요. 우리 애는 착해요. 집에서도 엄마 말을 얼마나 잘 듣는데요. 지금까지 나쁜 짓 한 적도 없고. 우리 애가 뭘 알겠어요. 질 나쁜 애들이랑 어울릴 때부터 말렸어야 했는데, 설마 했는데 이렇게 일이 터질 줄은 몰랐네요. 우리애가 그렇게 물건 훔칠 애가 아니에요."

청소년 사이에서 문제가 발생할 경우 학부모님들이 가장 흔하게 하는 이야기입니다.

"우리 아이는 그런 아이가 아니다, 다른 아이의 꾐에 넘어가 실수를 저지른 것이다."

질 나쁜 친구에게 물들었다는 것은 부모의 착각이거나 책임 전가를 위한 핑계입니다. 실제로 자아존중감이 높은 아이들은 질 나쁜 아이들과 어울려 다니지 않습니다. 설령 질 나쁜 아이들과 어울린다고 해도 나쁘게 물들지 않습니다. 오히려 나쁜 아이들을 선도하여 나쁜 짓을 못 하게 합니다. 내 아이가 질 나쁜 아이와 함께 한다면 친구 탓이 아니라 내 아이가 질이 나쁜 경우가 대부분입니다. 어떤 친구와 사귀는지 부모의 입장에서 관심을 가지는 것이 당연합니다. 하지만 그보다 선행되어야 하는 것은 우리 아이의 평소 행실입니다.

우리 아이가 질 나쁜 아이와 어울리는 게 걱정된다면 가장 손쉽게 해결할 수 있는 방법이 있습니다. 어떤 상황에서도 절대 '욕'하지 못하게 철저하게 교육하는 것입니다. 욕하지 못하는 아이는 질 나쁜 아이들과 어울리고 싶어도 어울리지 못합니다. 반대로 우리 아이의 말이 거칠고 욕을 자주 한다면 나쁜 부류의 아이들을 친구로 사귈 확률이 매우 높아집니다. '욕'은 청소년들에게 권력과 비슷한 역할을 합니다. 마치 문신을 하는 것과 비슷한 심리적 우월감을 줍니다. 문신을 하는 사람의 심리는 '나는 이렇게 과감한 행동을 할 수 있는 사람이다.'라는 것입니다. 청소년들이 욕을 하고 길거리에 침을 뱉는 등 예의에 어긋나는 행동을 하는 심리도 이와 일치합니다. 그런데 이런 심리적 우월감을 드러내려고 하는 사람들의 공통점이 있습니다. 이렇게 자신을 과시하려는 사람들은 사실 자신감이 없는 경우가 적지 않습니다. 그렇기 때문에 문신, 욕 등 과감한 행동을 도구로 삼아 자신의 과감함을 드러내려는 것입니다. 만약 우리 아이가 욕을 하거나 침을 뱉는 등 일탈 행동을 한다면 내적으로 자신감이 많이 위축되어 있다고 생각해도 무방

4. 어른들의 솔루션 vs 아이들이 바라는 솔루션

합니다.

아이들과 대화하다 보면, 내 아이인데 부모보다 친구 편을 드는 경우를 종종 있습니다. '엄마가 내 친구에 대해서 뭘 안다고 그래?'라면서 오히려 더 목소리를 높이는 아이를 보면 허탈할 때도 있습니다. 흔히 사춘기 아이들은 부모보다 친구를 더 소중하게 생각합니다. 그 배경에는 여러 가지 원인이 있겠지만 '대화와 소통' 측면에서도 일부 원인을 찾을 수 있습니다. 부모보다 친구를 소중하게 생각하는 아이들의 공통점은 부모와 소통이 없다는 점입니다. 그런데 친구들은 자신의 이야기를 들어 주니 쉽게 마음을 여는 것입니다. 만약 부모가 아이의 이야기를 충분히 경청한다면 부모의 존재 가치를 한층 높일 수 있을 것입니다.

'그런 친구랑 놀지 말라.'고 충고하기 전에, 틈틈이 우리 아이의 이야기를 한번 들어 보시기 바랍니다. 아이들은 새롭게 보고 들은 것을 공유하려고 하고 공감을 받고 싶어 합니다. 아이들과 소통하는 방법은 의외로 간단합니다. '아, 그렇구나.'라고 공감만 하면 됩니다. 그리고 부모가 어렸을 때 했던 행동이나 경험과 비교하면서, 마치 청소년 드라마를 보듯 자녀의 이야기를 들어 주세요. 다소 유치할 수는 있지만, 요즘 아이들이 얼마나 흥미롭고 재미있는 생활을 하고 있는지 알게 될 것입니다.

나중에 크면 다 알아

사춘기에 들어선 아이들의 질문 중에서 부모님이 가장 당황하는 부분이 바로 '성性' 문제입니다. 2차 성징이 시작되면서 스스로의 몸에 대해서 궁금해 하고, 또 이성에 대한 호기심이 급격하게 증가하여 부모 입장에서 대답하기 난감한 질문을 합니다.

"엄마, 콘돔이 뭐야?"

"어떻게 하면 임신이 돼요?"

천진난만한 아이들의 호기심이 오히려 어른들을 당황하게 만듭니다. 학교에서 정기적으로 성교육을 실시하고 있지만, 아이들의 호기심을 충족해 주기엔 역부족입니다. 그렇다고 부모 입장에서 속 시원한 답변을 해 주기도 민망한 경우가 많습니다. 이런 질문을 받으면 많은 부모님들은 흔히 이렇게 대답합니다.

"지금은 몰라도 돼. 나중에 크면 다 알게 돼."

당황스러운 상황을 잘 넘겼다고 안심할 지도 모르지만, 호기심 강한 아이들은 인터넷이나 다른 매체를 통해서 궁금한 점을 해결하려고 합니다. 그런데 인터넷에서 좋은 답변을 찾기는 매우 힘듭니다. 오히려 아이들이 음란물에 빠지는 원인이 되기도 합니다. 특히 질 나쁜 음란물은 성폭력, 성매매와 직결되는 매우 심각한 문제를 일으킵니다. 아이들이 사춘기 무렵이 되어 성에 대한 질문을 시작하면, 성교육과 관련된 책을 선물하는 것을 추천합니다. 부모가 바로 답을 주는 것보다, 좋은 책에서 스스로 답변을 찾도록 유도하는 것이 좋습니다. 그리고 아이들은 이성관계를 어머니와 아버지 사이의 행동에서 배우게 됩니다. 남자아이는 아버지의 행동을, 여자아이는 어머니의 행동을 자신의 롤 모델로 삼아 행동하게 됩니다. 그렇기 때문에 바른 성역할을 아이들에게 보여주는 전략적인 자세가 필요합니다.

의외로 아이들에게 설명해 주기 까다로운 부분이 '사회부조리' 측면입니다. 사회 전체적인 구조와 사람의 심리를 기본적으로 알고 있어야 이해가 가능하기 때문에 설명하기도 어렵고, 아이들의 교육에 좋지 않은 영향을 끼칠 수 있어 부모의 입장에서 답변이 어렵습니다. '횡령'이나 '뇌물' 등의 뉴스는 아이들 입장에서 이해하기 쉽지 않습니다. 그렇지만 성장과정에서 어쩔 수 없이 보고 듣게 되는 상황입니다. 이때 부모의 현명한 지혜가 필요합니다. 아이들이 이해하기 쉬운 상황이나 이야기로 쉽게 풀어서 설명해 주면 됩니다. 권선징악을 모티브로 한 이야기를 예로 들어 설명한다면 좋은 교훈으로 긍정적 생각을 유도할 수 있습니다.

아이들이 끊임없이 던지는 모든 질문에 답변하기란 불가능한 일입니다. 그렇지만 아이들이 왜 부모에게 질문을 하는지 이해한다면 마냥 불쾌하고 귀찮은 일이 아닐 것입니다. 아이가 부모에게 질문을 한다면 아직 부모를 따르고자 하고, 또 부모를 신뢰한다는 의미입니다. 만약 아이가 부모에게 전혀 질문을 하지 않는다고 상상해 보면 기분이 어떨까요? 마냥 속편하게 '우리 아이는 다 컸다.'고 안심할 수 있을까요? 부모를 무시하거나 신뢰하지 않는 경우로 판단할 수 있습니다. 그렇기 때문에 부모에게 질문을 하는 아이에게 감사하게 생각하고, 아이의 질문에 최대한 답변을 해 주려고 노력하는 자세가 필요합니다. 아이들은 애써 답을 찾고 설명하려는 부모의 모습에서 '부모에게 관심을 받고 있다.'는 안도감을 느끼기도 합니다. 이제부터 아이들이 곤란한 질문을 한다면 이렇게 이야기해 보시기 바랍니다.
"그 점에 대해서 너는 어떻게 생각하는데?"
"우리 한번 같이 생각해 볼까? 그 답을 어디에서 찾을 수 있을까?"

그건 누구나 하는 고민이야

"그런 고민은 누구나 다 하는 거야. 그런 쓸데없는 고민하지 말고 공부나 열심히 해."

이 말은 아이들에게 실망을 넘어 절망에 이르게 하는 한마디입니다. 아이들은 더 이상 부모에게 말을 건네지 않습니다. 아이들이 부모에게 질문을 하는 이유는 무엇일까요? 세상에 많은 사람들이 있는데 왜 하필 부모에게 질문을 할까요? 그 이유는 친하다고 느끼기 때문입니다. 세상에서 가장 친하고 믿을 수 있는 사람이 부모이기에 아이들은 부모에게 질문을 합니다. 더구나 고민을 이야기한다는 것은 그만큼 부모를 신뢰한다는 결정적인 증거입니다. 그런데 고민에 대한 적절한 대답을 듣지 못한다면 어떻게 될까요? 아이들은 어떤 느낌이 들까요? 실망감, 그리고 배신감입니다. 아이들뿐만 아니라 사람들은 본인이 당면한 문제를 가장 심각하게 생각합니다. 다른 사람의 고통보다 당장 내 손톱 밑에 박힌 가시가 더 아픈 법입니다. 아직 완벽하게 성장하지 못한 사춘기 아이들의 입장에서는 이런 느낌이 더 강할 것입니다.

고민의 크기에 상관없이 내 머릿속을 괴롭히는 당장의 고민이 가장 괴롭고 힘들게 느껴집니다. 이렇게 나를 괴롭히는 고민을, 아이들은 가장 신뢰할 수 있는 부모한테 털어놓습니다. 그런데 부모의 입장에서 아이의 고민은 너무 작고 보잘것없기에 대답할 가치를 못 느낄 수도 있습니다. 그래서 고민을 공유하기는커녕 아이의 고민을 무시해 버립니다. 아이는 그와 동시에 부모에 대해 배신감을 느낍니다. 그리고 또래 친구들을 찾아가서 고민을 이야기합니다. 여기에서 핵심이 되는 부분은 '아이가 부모를 더 이상 신뢰하지 않는다.'는 점입니다. 이 부분은 이후 아이가 성인으로 성장한 다음에도 많은 문제를 일으킬 수 있습니다.

그런데 해결방법은 매우 단순합니다.
"예전에 엄마가 어렸을 때, 엄마도 그런 똑같은 고민을 했었어."
이렇게 얘기를 시작하면 됩니다. 감동적이거나 교훈적인 내용이 아니어도 상관없습니다. 과거의 일기장을 꺼내 읽듯 가벼운 마음으로 아이들에게 과거의 이야기를 해 주면 됩니다. 부모의 입장이 아니라 과거 어린 시절 아이의 입장에서 이야기해 주면 됩니다. 그러면 아이들은 마치 친한 친구와 이야기하는 느낌으로 부모에게 가까이 다가갈 수 있습니다. 부모에게는 지나간 추억 이야기일 뿐이지만, 아이들에게는 살아 있는 생생한 친구의 이야기가 됩니다. 아이는 부모를 인생 선배로 다시 보게 됩니다.

반드시 고민을 해결할 필요는 없습니다. 부모도 고민한다는 것을 보여 주는 것이 더 좋습니다. 아이들 앞에서 부모가 어떻게 약한 모습을 보이느냐며 창피해 할 필요가 전혀 없습니다. 아이와 같이 고민을 나누면 같이 고민하는 동질감을 느껴서 더욱 친밀해 지게 됩니다. 부모나 가족이라는 울타리보다 더 끈끈함을 느낄 수 있는 좋은 기회가 됩니다. '아이들의 고민'을 기회로 사춘기로 멀어진 아이들의 마음을 가까이 다가오게 할 수도 있습니다.

그런 건 나중에 걱정해도 돼

"아빠! 고민이 있어요. 어떤 직업을 가져야 할지 모르겠어요."
"하고 싶은 일이 무엇인데?"
"음, 글쎄요."
"아직 고등학교도 안 들어갔는데 벌써 고민이야?"
"그래도 걱정되잖아요."
"아직 그런 고민하지 말고 공부나 열심히 하세요. 우리 딸."

어른들의 기준으로 청소년들의 고민은 하찮거나 쓸데없는 것이 많습니다. 중학생부터 취업 고민을 한다든지, 결혼 후 걱정을 하는 등 청소년과 어울리지 않는 고민들이 그것입니다. 어른들은 흔히 이렇게 이야기합니다.

"그런 걱정 안 해도 돼. 지금은 네가 어려서 그 고민이 크게 느껴지는데, 시간 지나고 나중에 어른이 되면 보잘것없는 작은 걱정이야. 아니 걱정도 아니야."

이렇게 아이들의 고민을 원천봉쇄해 버리는 경우가 있습니다. 그런데 생각해 보면 이런 고민은 시간이 지나도 해결되지 않는 경우가 대부분입니다. 문제가 해결되기보다는 문제 자체를 잊고 사는 경우가 많습니다. 이런 부류의 대표적인 고민은 직업과 인생관에 집중 되어 있습니다.

"내가 좋아하는 것이 무엇인지 모르겠어요."
"내가 하고 싶은 일이 무엇인지 모르겠어요."
"어떻게 살아야 잘 사는 건가요?"

사춘기 아이들의 엉뚱한 고민일 수도 있지만, 한번 잘못된 방향으로 생각이 굳어질 경우 나중에는 고치기 어려운 '가치관'과 관련된 경우가 대부분입니다. 문제가 해결되지 않아 더 큰 문제를 안고 사는 경우도 있습니다. 십 수 년 국가고시 공부를 하면서도 정작 본인이 무엇을 하고 살지 근본적인 문제에 대해 고민조차 해본 적이 없는 학생도 있습니다. '무조건 공무원이 되어야 한다.'는 부모의 말만 믿고 기약도 없이 젊은 세월을 고시 공부에 쏟아 붓고 있는 학생도 많습니다.

실제로 시간이 지나면 해결되는 문제도 있습니다. 하지만 사춘기 아이들이 어른들에게 원하는 것은 '나중에 해결 될 거야.'라는 답이 아니라 관심을 보여 달라는 것입니다. 아이들의 질문은 대부분 '내가 지금 이런 고민을 하고 있어요. 알아주세요.'라는 완곡한 표현입니다.

어른들이 해야 할 말은 "우리 딸, 진로문제로 고민하고 있구나. 아빠가 어렸을 때는 진로 고민 하는 게 이렇게까지 힘들지 않았는데. 우리 딸이 고민이 많겠구나. 고민거리 있으면 가족끼리 같이 이야기해 보자. 그래도 이런 고민을 하고 있다는 게 뿌듯하네."와 같은 격려와 관심입니다.

너보다 더한 사람도 많아

텔레비전에서 다양한 국제구호단체의 광고를 볼 수 있습니다. 아프리카 빈민들의 어려운 생활 모습을 보여 주고, 동정심을 자극하여 후원이나 모금을 유도하는 광고입니다. 한 달에 3만 원이면 아이들을 후원하거나 다양한 구호물품을 보내줄 수 있다고 합니다. 이 광고를 보고 상훈이 아버지는 상훈이에게 말을 겁니다.

"상훈아, 저거 봐라. 저 나라 아이들은 밥을 못 먹어서 굶어 죽는단다. 너는 왜 차려 놓은 밥도 안 먹느냐?"

"별로 안 먹고 싶으니까 그렇죠."

"상훈이 넌 지금 행복한 줄 알아야 해. 우리나라도 옛날에 6·25전쟁 끝나고는 저 나라 어린이 같이 못 먹고 자랐어. 너희 할아버지도 어렸을 때 학교도 제대로 못 다니셨잖아. 그때는 힘들게 사는 사람들이 진짜 많았어."

"알아요. 수업시간에 들었어요."

"그때도 많은 사람들이 열심히 살았단다. 저렇게 찢어지게 가난한 나라 아이들 봐라, 한 글자라도 더 배우려고 얼마나 노력하는지. 어려운 상황에서도 다 공부하고 생활하고 그런단다. 거기에 비하면 넌 얼마나 행복하냐? 하루 3끼 따뜻한 밥 먹지, 여름에는 시원하게 겨울에는 따뜻하게 해 주지. 넌 뭐가 부족해서 항상 불평불만이냐?"

"왜 아버지는 항상 비교만 하세요?"

"네가 정신 똑바로 안 차리고 헛생각만 하니까 그렇지!"

"……"

부모님들은 '넌 뭐가 부족해서 그 모양이니?'라는 말을 자주 사용합니다. 그런데 이렇게 비교하는 형태의 말은 아이에게 전혀 도움이 되지 않습니다. 지금 당장 내 마음이 괴롭고 혼란스러운 상황에서 타인이나 외부의 환경에 대해서는 관심을 기울이기 어렵기 때문입니다. 이런 경우 이기적이라고 표현하기도 하지만, 어찌 보면 인간의 근본적인 감정에 더 충실하다고 보는 것이 정확합니다. 어른들은 이런 감정의 표현을 절제하는 것에 익숙하고, 아이들은 직접적으로 표현하는 것에 더 익숙한 차이일 뿐입니다.

특히 사춘기 아이들의 경우, 타인이 보았을 경우는 작고 사소한 문제이지만 내적으로는 목숨과도 바꿀 만큼 심각한 경우가 많습니다. 아

4. 어른들의 솔루션 vs 아이들이 바라는 솔루션

이들이 사소한 문제에 신경을 쓰거나 고민을 하고 있다면 아이의 처지를 너무 과소평가 하지 말고, 함께 공감하는 말을 건네는 것이 좋습니다. 아이가 어떤 부분에 대해서 고민을 하고 있는지 이야기를 잘 들어주고 '어떻게 해결하고 싶은지?', '생각해 본 해결방안은 없는지?' 물어보는 것이 중요합니다. 아이의 상황과 비슷한 이야기 구조를 가지고 있는 고전동화나 명작소설을 선물하는 것도 좋습니다.

요즘 아이들은 전쟁이나 빈곤과 같은 위기상황을 겪어 보지 못해서 배부른 소리를 한다고 생각하는 어른들도 있습니다. 그렇지만 어른들도 사춘기에 똑같은 고민이나 비슷한 심리적인 변화를 겪었다는 점을 다시금 생각해 볼 필요가 있습니다. 단지 세월이 지나서 그와 같은 사실을 잊어 버렸을 뿐입니다. '너 보다 훨씬 더 어렵게 사는 친구들이 많다. 아프리카 빈곤국가의 아이들을 생각해 봐라.'와 같은 이야기는 오히려 아이의 부모의 갈등을 불러일으킨다는 점을 인지해야 합니다.

학교 다닐 때가 제일 행복한 거야

중학교 2학년 한나의 손목에는 수많은 칼자국이 남겨져 있습니다. 희미한 상처부터 깊은 상처까지, 이 아이에게 도대체 무슨 사연이 있었는지 들어 보았습니다. 한나는 매일같이 학교 폭력에 시달리고 있는 학생이었습니다. 어느 한두 명의 괴롭힘이 아닌, 동아리 선배들의 조직적인 폭력이었습니다. 하교 때만 되면 눈에 띄지 않는 곳에서 선배들에게 괴롭힘을 당했다고 합니다. 학교나 경찰에 이 같은 피해 사실을 알리고 싶었지만, 보복이 두려워 쉽사리 이야기하지 못했습니다. 1년 넘게 마음고생을 했던 한나는 용기를 내어 부모님께 폭행 사실을 알리기로 결심했습니다.

부모님과 함께하는 식사시간이었습니다.

"저기요……, 엄마."

"음, 왜? 밥맛이 없어? 왜 이렇게 밥을 못 먹니?"
"……, 저기요."
"얘가 갑자기 왜 이래? 할 말 있으면 어서 해!"
한나는 어렵게 말을 꺼냈습니다.
"엄마, 나…… 학교 다니기 싫어……"
"무슨 소리야?"
"……"

울먹이던 한나는 어렵게 말을 이어갔습니다.
"나, 학교 다니기 싫다고."
"아니 왜? 학교에서 또 무슨 일 있었니?"
어머니가 쏘아붙이듯 물어 보았습니다.
"나, 전학 가면 안 돼?"

울음을 터뜨린 한나는 더 이상 말을 잊지 못했습니다. 평소와는 다른 한나의 태도에서 무엇인가 이상한 징후를 느낀 아버지가 한나를 조용히 타일렀습니다.

"우리 한나, 학교에서 무슨 일 있었나 보구나? 무슨 일이 있었는지는 잘 모르겠지만, 너도 나중에 사회생활 해 보면 알 거다. 학창시절이 인생에서 제일 행복한 시기라고."

한나 어머니도 맞장구를 쳤습니다.

"맞아요, 맞아. 나도 옛날 중·고등학교 다닐 때 생각하면 '그때가 좋았지.' 싶어요."

"자자. 지금은 우리 한나기 기장 예쁘고 좋을 시절이야. 아빠도 엄마랑 같은 생각이야. 지금이 가장 행복하고 좋은 시절이란다."

"됐어! 됐다고! 엄마아빠랑은 말이 안 통해!"

부모님의 이런 조언에 한나는 그만 입을 닫아 버릴 수밖에 없었습니다. 그리고 다시 방문을 걸어 잠그고 커터를 꺼냈습니다. 날카로운 커터 날이 이 모든 고민을 다 해결해 줄 것 같았다고 합니다.

상담실에서 한나는 이렇게 말했습니다.

"지금 너무 힘들어요. 살고 싶지 않을 정도로. 학교도 싫고 엄마아빠도 싫어요. 어른들은 학창시절이 가장 행복한 시절이래요. 지금이 인생에서 가장 행복하면, 저는 어떡하죠? 앞으로 더 힘든 인생만 남은 것 같아요. 그냥 지금이 행복하다니, 더 괴로워지기 전에 지금 죽어 버리는 게 현명한 거 아닌가요?"

어른들은 흔히 '학창시절이 인생에서 가장 행복한 시기이다.'라고 말합니다. 그런데 어른들 자신이 과거 사춘기에도 그렇게 생각했을까요? 추억은 항상 긍정적으로 포장 되게 마련입니다. 그게 인간의 본성입니다. 청소년들은 고통에 몸부림치고 도움을 바라고 있는데 어른들은 '추억의 환상'에 젖어서 아이들을 꾸짖고 있는 게 아닌지 생각해 보아야 합니다. 아이들이 듣고 싶은 이야기는 '학창시절이 좋을 때다. 그러니깐 열심히 학창시절을 즐겨라.'와 같은 이야기가 아닙니다. 자신의 고민과 생각을 공유하고 위로받고 싶은 것입니다. 생각과 상황을 이해해 주고 마음을 공유하는 사람이 필요한 것입니다. 그렇게 하기 위해서는 아이의 상황으로 어른이 눈높이를 낮추고 이야기를 들어 주어야 합니다. '아이의 부모'가 아니라 '아이의 또래친구'가 되어 이야기 속으로 빠져들어야 합니다. 그러면 아이의 고민이 얼마나 크고 힘겨운 것인지 이해할 수 있을 것입니다.

그건 어른 돼서 하고, 지금은 공부만 해

컴퓨터 게임에 푹 빠져 버린 경환이 때문에 어머니는 오늘도 걱정입니다.

"아니 이 녀석이 또 게임 하고 있네?"

"지금 방금 시작한 거야. 잠깐만 하고 공부할게."

"잠깐만 한다더니 지금 하루 종일 붙잡고 있잖아?"

경환이는 게임을 시작한 지 두 시간이 지나도 도무지 끝낼 생각을 하지 않습니다. 화가 난 어머니는 컴퓨터의 전원 코드를 뽑아 버립니다. 경환이는 짜증을 내면서 자기 방으로 들어가 버립니다.

"처음 컴퓨터 사 주었을 때는 아이 방에 뒀어요. 그런데 하루 종일 컴퓨터만 하는 것 같고, 또 야한 사진이나 동영상에 빠질 것 같아 컴퓨터를 거실로 옮겨 놓았어요. 그런데 그것도 별 소용이 없어요. 하루 종일 컴퓨터 앞에만 붙어 있어요. 아빠가 들어오면 그때만 잠깐 꺼 놓고, 다시 몰래 나와서 컴퓨터 하고 그래요. 쉬지 않고 새벽까지 게임만 할 때도 많아요. 이제 고등학생이고 공부해야 할 나이인데도 도무지 정신을 못 차려요."

스마트폰이 보급된 이후 문제는 더 심각해졌습니다. 하루 종일 손 안에 쥐고 있을 수 있어서 게임이나 인터넷에 대한 중독증상이 더 심해졌습니다. 게임과 더불어 SNS나 채팅 역시 강한 중독성으로 아이들을 현혹하고 있습니다.

"대학에 들어가면 게임이든 채팅이든 실컷 할 수 있어. 그때 되면 말리지 않을 테니, 조금만 참아."

어른들이 이렇게 좋게 타일러 보기도 하지만 도무지 아이들은 들으려 하지 않습니다. 아이들의 눈에는 지금 바로 눈앞에 있는 게임이나 채팅이 더 좋을 뿐입니다. 사춘기 아이들은 하지 말라고 하면 더 하고 싶어 합니다. 오히려 아이들이 스스로 생각하고 자율적으로 판단할 수 있도록 기회를 주는 것이 효과적입니다.

"그 게임이 그렇게 재미있니?"

"시험이 얼마 안 남았으니까, 게임 시간을 좀 줄여 보는 게 어떨까?"

아이들은 지금 본인의 신분이 '학생'이고 학생은 공부를 해야 한다는 사실을 굳이 주지시키지 않아도 잘 알고 있습니다. 스스로 지킬 수 있는 규칙을 만들고 행동할 수 있는 기회를 주어야 합니다.

게임의 중독성에 대한 세심한 관찰도 필요합니다. 게임에 중독된 상당수의 아이들은 '게임' 자체의 오락성보다 다른 아이들과 '소통'하기 위해서 게임을 이용합니다. 마치 SNS나 채팅을 하는 아이들의 심리와 비슷합니다. 단지 소통의 도구가 게임일 뿐입니다. 그렇기 때문에 오프라인에서 많은 친구들을 만나는 아이들은 오히려 컴퓨터 게임이나 스마트폰, SNS 사용량이 상대적으로 적습니다.

 학업 이외에 친구들이 같이 즐길 수 있는 동아리나 건전한 취미활동을 권장하는 것도 게임중독을 예방할 수 있는 방법 중 하나입니다. 오프라인보다 온라인 생활_{게임, 채팅, SNS 등}이 활발한 아이들의 경우 신체적으로 결핍을 가진 경우가 있습니다. 선천적이나 후천적인 장애가 있거나, 체력이 약해서 다른 아이들과 어울리기 힘든 경우, 혹은 외모에 자신감이 없는 경우도 이에 포함됩니다. 아이들의 자신감과 자존감을 높이는 부모님의 말 한마디가 아이의 중독성을 낮출 수 있습니다.

5장

위기의 아이들, 위험한 부모들

아이들이 도움을 요청할 때는 군소리 없이 필요한 부분만 도와주면 됩니다. 오지랖 넓게 도움을 청하지 않은 부분까지 관여하는 것은 아이들 인생에 대한 월권행위입니다. 한걸음 떨어져서 언제 어떻게 도와줄 것인지 관심만 가지고 지켜보고만 있으면 됩니다.

사춘기를 홀로
보내고 있는 아이들

유난히도 추웠던 겨울, 아침에 갓 우려낸 허브티의 향이 은은하게 상담실을 메우고 있었습니다. 그때 30대 중반으로 보이는 남자 분이 상담실 문을 조심스럽게 열고 들어오셨습니다.

"안녕하세요. 어떻게 오셨나요?"

"저……, 차 한잔 마시고 갈 수 있을까요?"

"아 네. 얼마든지요."

카페 같은 콘셉트로 상담실을 운영하다 보니 이런 손님들이 자주 방문하십니다.

"원두커피, 허브차 준비되어 있으니 얼마든지 리필해서 드셔도 됩니다. 컵라면하고 쿠키도 준비되어 있습니다."

그 남자 손님은 따뜻한 차로 몸을 녹이면서 조용히 상담실과 연구소

내부를 둘러보셨습니다.

"여기서 아이들 상담도 하시나요?"

"네. 청소년 상담이나 교육도 같이 하고 있습니다. 성폭력예방이나 자살예방으로 학교 강연도 자주 나가고 있습니다."

호기심이 많으신 듯 여러 가지를 물어 보고는 다음에 또 방문하겠다며 돌아가셨습니다.

몇 주 뒤, 그 남자 손님이 다시 오셨습니다.

"저기, 오늘은 컵라면 좀 먹을 수 있을까요?"

컵라면을 맛있게 드시고, 차 한잔을 마주하고 이야기를 시작하게 되었습니다.

"안녕하세요. 사실 저는 아이들한테 축구를 가르치고 있는 축구감독입니다. 구단이나 학교에 소속되어 있는 것은 아니고 작은 규모로 아이들을 가르치고 있습니다. 제가 가르친 아이들 중에서 국가대표를 하는 친구들도 있고요."

그 남자 분은 말을 이어갔습니다.

"청소년 상담 관련해서 일을 하시는 것 같은데, 진즉에 이런 곳이 있는 줄 알았다면 좋았을 것을…….

제가 지금 아이들을 10여 명 정도 교육시키고 있는데, 저는 비록 축구감독이지만 우리 아이들한테 영어, 수학 공부도 굉장히 많이 시킵니다. 어떤 날은 하루에 축구 1시간, 영어공부 4시간을 시킬 때도 있습니다."

그분은 제가 알고 있던 상식과는 전혀 다른 이야기보따리를 풀어 놓으셨습니다.

"제가 학창시절부터 쭉 축구를 했는데, 중간에 부상으로 어쩔 수 없이 축구를 그만두게 되었습니다. 그런데 항상 축구만 해 왔던 터라, 할 줄 아는 게 아무것도 없더군요. 다른 공부 하는 것도 쉽지 않고……. 그런데 그때 다른 나라 선수들의 교육에 대해서 알게 되었습니다. 어떤 나라는 운동뿐만 아니라 다른 교육도 같이 시키더군요. 혹시 모를 사고나 부상 등등을 대비하여 다른 진로를 모색할 수 있게 여러 보호막을 준비해 둔 것이었습니다."

"그래서 저도 우리 아이들을 교육 시킬 때 영어와 수학공부를 시키는 겁니다. 운동선수들은 이 부상이 무섭거든요. 부상이 발생하면 운동만 했던 학생이면 인생이 망가져 버립니다. 그런데 다른 공부를 조금이라도 했으면 길을 찾기 수월하죠. 그리고 외국어 공부를 많이 하니까 영어회화 능력도 좋아지고, 축구에 대한 해외 자료나 방송도 접하려는 아이들의 열정도 느낄 수 있었습니다."

신선하고도 바람직한 시각이라 생각했습니다. 운동하면서 인생의 진로를 고민하던 아이들에게 바른 길을 알려줄 수도 있겠다는 생각이 들었습니다. 그런데 감독님의 표정이 갑자기 심각해지더니, 고민을 슬며시 꺼내 놓았습니다.

"그런데…… 우리 아이 중에 자살을 시도한 아이가 있습니다. 지금은 많이 좋아졌는데, 그래도 또 언제 사고를 칠지 몰라서 불안 불안합니다. 여기 한번 데려오고 싶은데요……."

감독님이 걱정하고 있는 아이는 모두 3명이었습니다 중학생 한 명과, 고등학생 두 명. 이 아이들은 감독님 손에 이끌려 상담실을 방문하게 되었습니다. 운동부 아이들답게 건장한 체격과 다부진 표정이 인상적이었습니다. 그 아이들은 상담실 환경이 낯선 듯 어색해 하는 분위기였습니다. 남자들끼리 이야기 하는 것은 한계가 있으므로, 보드게임 하나를 꺼내 왔습니다. 작은 숫자 블록을 이용한 루비큐브라는 게임이었습니다. 일단 아이들에게 놀이 방법을 차근차근 알려 주었습니다. 처음엔 어려워하던 아이들이 몇 번 시범을 보이니 금세 규칙을 이해하였습니다. 그런데 유독 가장 나이가 많은 고등학생 아이만 별 관심을 보이지 않았습니다. 감독님이 지목했던, 자살 위험이 가장 심각한 아이였습니다. 보드게임을 진행할 때도 다른 두 명의 아이는 금방 흥미를 갖고 재미를 붙였지만, 무심한 척 이끌려 가기만 했습니다. 첫 번째 게임은 나이가 가장 어린 아이가 이겼습니다.

"선생님, 이거 다시 한 번 하죠!"

과연 운동부 아이답게 승부욕이 강했습니다. 그렇게 두 번의 게임을 더 하였고, 마지막 게임에서는 그 문제의 고등학생이 우승하게 되었습니다. 그때서야 아이의 입이 열렸습니다.

"와, 이거 재미있네……. 재미있어……."

두 시간이 훌쩍 넘었는데도 마냥 아쉬워하는 표정을 내비쳤습니다.

"선생님, 이거 다음 주에도 또 하면 안 돼요?"

"응 그래. 그러자. 재미있니?"

"네. 또 하고 싶어요."

산만한 덩치의 그 아이는 마치 어린아이마냥 호기심에 눈을 반짝였습니다.

한 주 후 다시 방문한 아이들은 보드게임을 하면서 서서히 마음의 문을 열었습니다. 이 아이들에게는 공통점이 있었습니다. 불안정한 가정환경 그리고 부모의 무관심.

고등학생 아이에게 왜 축구를 시작하게 되었냐고 물어 보았습니다. 초등학교 시절, 집에 가면 부모님들의 다툼이 심했고, 공부도 잘 못하고 마음 둘 곳 없는 아이는 학교가 끝나면 항상 학교 운동장에 홀로 남아 축구공을 가지고 놀았다고 합니다. 반기는 사람이 아무도 없는 집에 가기 싫었다고 합니다. 그러다 보니 자연스럽게 공을 다루는 기량이 향상되었고, 체육시간에 축구를 할 때마다 친구들은 물론 선생님께도 칭찬을 받았다고 했습니다. 아이가 기억하는 평생 최초의 칭찬이라고 합니다. 아이는 칭찬을 듣고 싶어 더 열심히 축구를 했고, 지금의 축구감독 눈에 띄어 대학 진학을 준비 중이라고 했습니다. 그런데 이 아이는 아버지나 가족 이야기가 나오면 극도로 불안정한 반응을 보였습니다. 이 아이가 생각하는 가족에는 어떠한 따뜻함도 찾을 수 없었습니다. 사춘기를 홀로 보낸 아이에게서 대인기피, 사회부적응, 심리적 불안정 등 여러 가지 문제점이 보이기 시작했습니다. 그 불안의 뿌리는 불안정한 가족이었습니다.

무서운 집착, 더 무서운 무관심

몇 년 전 탁상용 화분을 3개 구입했습니다. 주먹만한 작은 화분에는 앙증맞은 식물들이 자리 잡고 있었습니다. 식물을 처음 길러보는 사람들을 위한 '초보자용 식물'은 너무나도 잘 자라 주었습니다. 이제는 화분이 너무 비좁아 보일 정도로 성장해 버렸습니다. 작은 화분이 답답해 보여서 조금 더 큰 화분으로 분갈이를 시도했습니다. 처음 해보는 분갈이라서 수소문하여 여러 가지 정보를 얻었습니다. 겨우 분갈이를 하였는데 문제가 생겼습니다. 큰 화분으로 옮겼는데도 넉넉해 보이지 않았습니다. 그래서 조금 더 큰 화분으로 다시 분갈이를 해 주었습니다. 이왕이면 세 개의 식물을 함께 심으면 좋을 것 같아서 아주 큰 화분으로 한 번 더 분갈이를 했습니다. 그런데 몇 년 동안 그렇게 질긴 생명력을 유지했던 식물들이 몇 번의 분갈이로 맥없이 죽어버리고 말았습니다. 우리는 흔히 '사람 손을 탄다.'라는 말을 합니다. 반려동물도 마찬가지입니다. 너무 어린 동물의 경우 사람들이 자주 쓰다듬으면 오히려 건강에 문제가 생긴다고 합니다.

식물이나 동물뿐일까요? 사람도 성장의 기반이 흔들리면 바르게 성장할 수 없습니다. 그 기반은 부모나 가정환경, 혹은 교육제도일 수 있습니다. '초등학교는 필리핀, 중학교는 호주, 고등학교는 캐나다, 대학교는 미국', 이렇게 변덕스럽게 아이를 유학 보내는 부모들이 있습니다. 아이들이 그 과정에서 받을 문화적 이질감이나 적응에 따르는 심리적 충격을 한 번이라도 생각해 본 적이 있는 걸까요? 학창시절에 공부를 못했던 부모일수록 아이들의 성적에 집착합니다. 공부를 잘했던 부모들은 아이에게 공부를 강요하지 않습니다. 공부하는 것이 얼마나 어려운지 알기 때문입니다.

지금도 많은 극성스러운 어머니들이 아이들의 성적에 병적으로 집착하고 아이들의 정서적 빈 그릇까지 채우려고 합니다. 사춘기는 신체적으로도 성장하지만, 정서적으로도 성장하는 시기입니다. 현명한 부모는 그릇을 가득 채우는 것보다, 그릇을 더 크게 만들어 줍니다. 빈 그릇은 아이들이 성장하면서 자연스럽게 채워질 것입니다.

사춘기 아이들이 진심으로 바라는 것은 '포근한 어머니의 관심'입니다. 사춘기 아이들이 스트레스를 받는 이유, 그리고 일탈을 시도하는 근본적인 이유는 '관심'을 받고 싶어서입니다. 한 아이는 자기 자신에 대해 이렇게 이야기합니다.

"선생님, 저는 '관심병자'인가 봐요. 자꾸 관심 받고 싶어요."

관심 받고 싶어 하는 심리는 너무 당연한 사람의 마음입니다. 그런데 아이들은 무의식적으로 정상이 아니라는 생각을 가지고 있습니다. 그래서 스스로 병을 가지고 있다고까지 말하고 있는 것입니다. 요즘 아이들을 가장 많이 괴롭히는 것이 무엇일까요? 학교폭력이나 집단따돌림이 아니라 부모의 비정상적인 '성적에 대한 집착'과 '심리적 무관심'입니다. 아이들이 편하게 기대 쉴 수 있는 공간이 전혀 없습니다. 집은 더 이상 쉼터의 기능을 하지 못하고 있습니다. 단지 생존을 위해서 잠을 자는 곳으로 변질되었습니다.

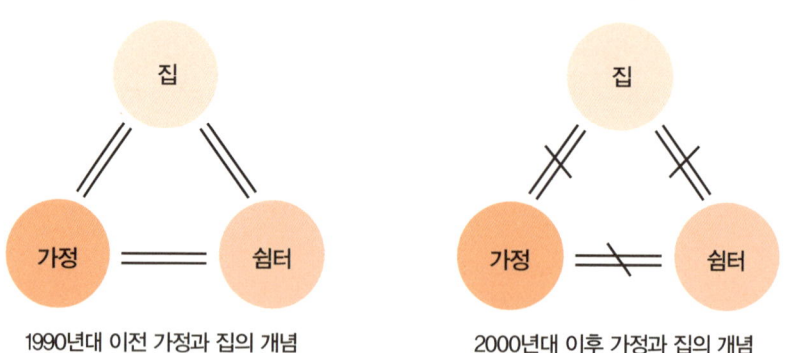

1990년대 이전 가정과 집의 개념   2000년대 이후 가정과 집의 개념

딴 세상에 사는 엘리트 교사

어느 교직원 연수 현장.

100여 명의 교사들 앞에 퇴직을 앞둔 형사 한 분이 강단에 올라가셨습니다. 형사로 근무하는 동안 겪은 청소년 문제를 언급하시면서 다양한 사례를 보여 주셨습니다. 강의가 한창 진행 되던 중, 형사님은 갑자기 강연을 중단하시더니 무엇이 마음을 자극한 듯 한동안 말을 이어가지 못하셨습니다. 이윽고 마음을 가다듬으시더니 형사님 본인의 이야기를 하기 시작했습니다.

"저는 어렸을 때 동네에서 알아주는 문제아였습니다. 지금은 이렇게 경찰에서 근무하고 있지만, 학창시절 저는 온갖 범죄를 저지르는 문제아 중 문제아였습니다. 마을에서도 악명 높은 아이였죠."

형사님의 고백에 가까운 이야기에 모든 선생님들이 귀를 쫑긋하며 그 이야기에 집중했습니다.

"저는 등교한 날보다, 학교에 나가지 않은 날이 더 많았습니다. 아이들 돈도 빼앗아 보고, 물건도 훔치고, 제 부모님은 경찰서에 수시로 불려 다니느라 바빴습니다."

노년 형사님의 반전 있는 이야기에 선생님들을 더욱 집중했습니다.

"어느 날은 형사 몇 명이 저를 잡으러 학교 교실까지 찾아왔습니다. 저는 형사들 손에 끌려 운동장까지 나왔습니다. 그런데 어떻게 아셨는지, 그 당시 저희 담임선생님께서 신발도 신지 않은 채로 다급하게 뛰어오셨습니다. 그런데……."

형사님은 잠시 말을 잇지 못했습니다.

"그때 제 담임선생님은 저를 끌고 가던 형사들의 바지를 붙잡으면서 절대 데려가지 말라면서 사정사정하셨습니다. '아이고, 형사님들 우리 아이 데려가지 마시오. 내 새끼 데려가지 마시오. 내가 이놈 담임이오. 잘못이 있으면 내가 잘못 가르쳐서 그런 것이오. 그러니 데려가려면 나를 데려가시오.'라면서 형사들 앞에 무릎 꿇고 통사정을 하셨습니다……."

형사님은 눈물을 머금은 채 이야기를 계속하셨습니다.

"그때 저는 담임선생님을 보면서 깨달았습니다. '내가 진짜 큰일을 저질렀구나. 내가 진짜 나쁜 일을 했구나!' 하고……. 그 후로 크게 반성했고, 결국 경찰이 될 수 있었습니다."

숙연해진 분위기, 마음을 진정시킨 형사님은 깊게 한숨을 쉬었습니다.

"세월이 많이 흘렀고, 이제 제가 형사가 되어 비행청소년들을 잡으러

다니고 있습니다. 그런데 요즘 학교에 문제 학생들 잡으러 가면 어떤지 아십니까? 선생님들? 나 몰라라 하고 방관합니다. 학교에서 학생들 챙기는 사람이 단 한 명도 없습니다. 문제 학생의 담임선생님이 누구인지도 모르겠습니다. 형사들이 교실까지 들어가서 학생을 끌고 학교를 나오는데 제지하는 선생님, 왜 학생을 데려가는지 물어 보는 선생님이 단 한 명도 없습니다. 선생님들은 서로 모른 체하기 바쁩니다."

형사님의 목소리에 힘이 들어가기 시작했습니다.

"요즘 교사가 노동자다 뭐다 말이 많은데, 저는 교사가 노동자라고 생각하지 않습니다. 교사는 '선생님'입니다. '스승님'입니다. 선생님의 말 한마디 행동 하나에 사람의 인생이 달라집니다. 이렇게 중요한 일을 하는 선생님들을 어떻게 노동자에 비유합니까? 이 자리에 계신 선생님들이 저를 바르게 자라게 해 주었던 어렸을 적 제 담임선생님처럼……, 아이들에게 진정한 선생님들이 되었으면 좋겠습니다."

형사님의 뜻깊은 이야기에 많은 선생님들이 감명 받았고, 학업보다 더 중요한 것이 무엇이고, 공교육이 왜 바로 서야 하는지를 다시 생각할 수 있었습니다.

우리나라는 IMF를 기점으로 교사나 공무원 같이 정년이 보장된 직업이 최고의 인기를 끌면서 공부 잘하는 아이들이 선호하는 직업이 되었습니다. 현재 우리나라의 교육대학, 사범대학은 성적이 우수한 학생들이 점유하고 있습니다. 교사가 '엘리트 집단'이 되었습니다. 그런데 학교 현장에서 이로 인한 문제가 발생하고 있습니다. 아무 문제없이 우등생, 모범생으로 학창시절을 보내고 교사가 된 '엘리트 교사들'이 학생들의 일탈을 이해하지 못하는 것입니다. 엘리트 교사들은 아이들의 일탈행동을 이해할 수도 없고, 바르게 훈육하는 방법도 모른 채 어찌할 바를 모릅니다. 사명감으로 끝까지 아이들을 교육하고 계도해야 할 책임이 있음에도 불구하고 아이들을 방관하고만 있습니다. 엘리트 교사들은 '평범한 청소년의 사소한 일탈'조차 과장하고 비정상이라 취급합니다.

제가 중학교 다닐 때, 공부 못하는 아이들은 선생님께 이런 이야기를 들었습니다.

"너희들 그렇게 공부 안 하면, 나중에 커서 선생님 같이 '선생질'밖에 못한다."

지금으로서는 말도 안 되는 이야기입니다. 하지만 당시 '교사'라는 직업은 지금과 다르게 크게 주목받는 직업이 아니었습니다. 그래서 엘리트가 아닌, 다양한 경험과 배경을 가진 교사가 많았습니다. 실제로 일탈을 경험해 본 선생님도 있었고, 문제아라고 낙인찍히면서 학창시절을 보낸 선생님도 있었습니다. 이러한 선생님들은 학생들이 '왜 일탈행동을 하는지', '어떻게 하면 아이들을 바른 길로 인도할 수 있는지'에 대하여 알고 있었습니다. 하지만 요즘의 젊은 엘리트 교사들은 이런 노하우를 알지 못합니다. 교직원 연수를 통하여 배우기는 하지만, 실제로 경험해 보지 못한 사람은 그 깊이가 다를 것입니다.

사춘기 아이들의 일탈과 비행의 원인은 무엇일까요? 원인은 다양하지만, '관심을 갈구하는 표현 방법'이라는 점에서는 동일합니다. 인정받고 싶어 하는 아이들, 관심 받으려는 아이들……. 하지만 이런 경험 없이 모범생 생활만 했던 교사들은 아이들을 진심으로 이해하지 못하고 갈등만 키우고 있습니다.

	일반 양성 교사	엘리트 교사	다양한 경력의 교사
특징	■ 1980년대 이전에 단기 교육으로 양성된 교사	■ 2000년대 이후 중등교원 임용시험을 거친 교사	■ 교육분야 이외에 다양한 분야에서 사회생활을 경험해 본 교사
장점	■ 공동체 의식의 좋은 본보기 ■ 인간미 존재하며 인생 선배 역할	■ 전문적인 지식을 바탕으로 고품질 교육내용 구성	■ 공감능력이 뛰어나며 배려심이 강함 ■ 열정직으로 지도하려는 의지
단점	■ 비상식적인 교육방법을 강요할 우려 ■ 권위주의적이고 강제적인 성향	■ 공감능력 미흡으로 학생과 교감형성에 어려움을 느끼며 갈등 유발 ■ 이기주의적 성향이 강하여 아이들에게 잘못된 역할모델 심어줄 우려	■ 다양한 사회경력을 포기하고 학교로 이직하기 어려움
개선방안	■ 학생의 인권을 보장하는 정상적인 교육법에 대한 인식 필요 ■ 학생에 대한 인격적 존중 필요	■ 학교 이외에 다양한 활동이나 사회경험을 할 수 있는 기회 제공	■ 특정분야에 전문성을 인정받는 경우 교직으로 이전할 수 있는 기회 제공

아이들의 가슴에 새겨진 주홍글씨

"야! 너희들 이리 와!"

학교 뒤편 인적이 드문 곳으로 선생님이 들이닥쳤습니다. 몰래 모여서 담배를 피우고 있던 학생들 대여섯 명이 놀라서 어찌할 바를 모릅니다. 선생님에게 끌려 교무실로 들어온 아이들은 한 차례 크게 혼나고 반성문을 쓰기 시작했습니다.

"그때 저는 진짜 처음으로 담배를 피워 봤어요. 학교에서 쉬는 시간에 친구가 담배 한번 피워 보자고 하면서 담배를 가져와 보여 줬어요. 저도 어떤 기분인지 궁금해서 따라갔어요. 어른들이 담배가 몸에 나쁘다고 해서 안 좋은 행동인건 알고 있었는데, 진짜 그 느낌이 어떨지 궁금했어요."

호기심에 담배를 입에 가져다 댄 형식이는 그 순간 선생님에게 딱 걸린 것입니다.

"그 자리에는 여러 번 담배를 피운 아이들도 있었는데, 저는 정말 처음이었어요. 궁금해서 한번 빨아 봤는데, 숨이 탁 막히고 기침만 계속 나왔어요. 이런 걸 왜 피우는지 모르겠어요."

형식이는 말을 이었습니다.

"제가 처음이라고 했는데, 선생님은 믿지 않았어요. 그냥 계속 반성문 쓰라고 하고 부모님 모셔 오라고 했어요. 제가 정말 잘못했다고 사정했는데도……. 그 일이 있고나서 학교에 있는 모든 선생님들은 저에게 '담배 피우는 아이'라면서 불량학생 취급을 했어요. 선생님들 태도가 달라졌어요. 이제는 학교도 별로 다니고 싶지 않아요."

중학교 2학년 때 호기심에 한번 피운 담배로 형식이는 중학교는 물론 고등학교에 진학하고서도 불량학생 딱지를 떼지 못했습니다. 행실이 불량한 아이로 만들어진 것입니다.

청소년기의 학생들이 담배를 피우는 것은 '본인의 건강을 해치는 행동을 한다는 점'에서 분명 나쁜 행동이고 체벌 받아 마땅합니다. 하지만 한 가지 생각해 볼 점이 있습니다. 우리는 뉴스에서 수백억을 횡령한 죄를 지어도 쉽게 면제가 되고 큰 범죄를 저지른 사람들이 사면되는 모습을 흔히 봅니다. 어른들에게 사회는 너무나도 관대합니다. 하지만 청소년들은 어떤가요? 호기심에 피운 담배 한 개비만으로 아이의 학창시절이 완전히 망가져 버렸습니다. 유독 청소년에게만은 '용서'

도 '관용'도 없습니다. 회복할 기회가 없습니다. 청소년을 계도하기 위한 방법이라고는 하지만 그 대가는 너무나 가혹합니다. 아이들의 가슴에 씻을 수 없는 주홍글씨를 남깁니다.

"학교 다닐 때는 실수해도 좋고 실패해도 좋다. 다 용서가 된다. 대신 어른이 되면 용서되지 않으니 바르게 행동해야 한다." 누구나 한번쯤 들어본 이야기 아닌가요? 하지만 현실은 어떻습니까? 정반대입니다. 학창시절의 실수는 이유 불문하고 용서되지 않습니다. 유독 청소년들에게만 엄격한 잣대를 들이대는 사회적인 풍토가 형성되어 있습니다. 지금 이 시간 어른들이 하는 잘못이나, 바르지 못한 행동이 얼마나 많나요? '부모'의 거울이 '자녀'라면, '사회'의 거울은 '청소년'입니다.

아이들도 코웃음 치는 청소년교육

"자살이란 무엇일까요? 자살은 스스로 소중한 목숨을 끊는 것입니다."
한 고등학교에서 자살예방교육이 한창입니다.

"그렇다면 청소년들의 자살 유형에는 어떤 것들이 있을까요? 우리 함께 알아볼까요? 자, 청소년들이 자살하는 방법으로 가장 많은 유형은 '추락사'입니다. 높은 건물이나 아파트, 한강 다리에서 뛰어내리는 것입니다. 그 다음으로는 목을 매는 유형입니다."

다양한 자살 유형에 대한 통계자료도 등장합니다.

"자, 여러분 청소년의 자살에 대해서 공부해 보았습니다. 여러분의 생명은 소중합니다. 여러분은 소중하고 고귀한 사람입니다. 여러분이 자살하면 부모님이나 주위 사람들이 더 힘들어집니다. 그러니 자살할 생각을 하지 않는다고 약속해요."

지금 대부분의 학교에서 이루어지고 있는 자살예방교육의 내용입니다. 과연 이런 내용으로 청소년 자살이 줄어들 수 있을까요? 자살예방은커녕 오히려 자살이 무엇인지도 모르는 아이들에게 자살 방법까지 상세하게 알리고 있는 꼴입니다.

특정 종교에 소속된 기관의 교육내용은 더욱 가관입니다.
"여러분, 자살은 신이 절대 허락하지 않는 엄한 죄입니다. 여러분이 자살하면 하느님의 천벌을 받게 됩니다. 자살하지 마세요. 우리 모두 자신의 소중한 생명을 위해서, 그리고 친구들이 자살하지 않도록 친구들의 생명이 소중하다는 것을 이해할 수 있도록 기도합시다."
이런 교육을 받으면 청소년들의 자살률이 감소할까요?

자살을 예방하고자, 학교와 아파트 옥상으로 올라가는 계단의 문은 항상 굳게 잠겨 있습니다. 마포대교에는 밤에도 잘 보이게 불이 들어오는 자살 예방 문구가 붙어 있습니다. 또 어떤 다리의 난간은 사람이 오르지 못하도록 날카로운 못을 박아 놓았습니다. 지금 우리 주위에서 실행되고 있는 '자살예방' 대책의 모습들입니다. 과연 이렇게 한다고 자살을 결심한 아이가 자살을 하지 않을까요? 자살하고자 하는 마음을 과연 근본적으로 되돌려 놓을 수 있을까요?

자살예방의 핵심은 자살하려는 마음이 들지 않도록 보살피고 지지해 주는 것입니다. 하지만 이런 활동은 아직도 미미합니다. 우리나라에서 '자살예방'은 '자살의 행위'만 막는 것입니다. 그렇기 때문에 아직도 인터넷에서는 자살예방법보다 자살방법에 대한 글이 더 많고, 함께 자살하고자 모이는 자살카페와 자살사이트가 끊임없이 만들어지고 있습니다. 자살의 행위보다 자살의 이유와 원인에 더 초점을 맞추어야 진정한 의미의 자살예방이 가능합니다.

치명적인 수치심과 모멸감

감정이 무엇일까요?

감정과 마음은 무엇이 다를까요?

우리는 흔히 이런 이야기를 듣습니다. '감정을 잘 통제하고, 이성적으로 살아야 출세한다.'고. 도대체 감정이 무엇이기에 이 야단일까요. '감정'은 사회적으로 보았을 때 별로 필요가 없을 것 같지만, 이 '감정' 때문에 사춘기 아이들이 우울감에 빠지고 자살을 결심하기도 합니다. 사실 감정은 인간의 생존에 큰 영향을 미칩니다. 인간과 동물의 공통적인 감정이 있는데 '두려움'입니다. 두려움이 있어서 생존할 수 있는 것입니다.

도심의 공원에서 쉽게 비둘기를 볼 수 있습니다. 도시의 풍족한 생활에 길들여진 비둘기는 잔뜩 살이 올라 곧 터질 듯합니다. 그리고 발가락이 잘려 나가거나, 다리를 저는 비둘기가 있는가 하면, 날개를 다쳐 제대로 날지 못하는 비둘기도 많습니다. 어찌 보면 당연할 결과일 수도 있습니다. 요즘 비둘기는 사람을 무서워하지 않을뿐더러 자동차도 두려워하지 않습니다. 비둘기를 밟지 않으려고 사람이나 자동차가 비둘기를 피해 다녀야 할 상황입니다. 그만큼 사고를 당하는 도시 비둘기가 많아질 수밖에 없습니다. 반면 참새는 어떤가요? 참새를 자세히 보려고 조금만 가까이 가면 금세 눈치채고 휘리릭 도망가 버립니다. 도무지 참새 가까이 갈 수 없습니다. 어렵게 가까이에서 참새들을 관찰해 보면 비둘기와 대조적으로 건강합니다. 여기서 두려움과 생존의 상관관계를 알 수 있습니다.

그런데 사춘기가 되면 도시 비둘기와 같은 현상이 발생하기도 합니다. 두려움보다 호기심이 커지는 경우, 자칫 위험한 장난으로 크게 다치거나 목숨을 잃는 경우도 있습니다. 호주에서 문제가 되고 있는 '고층건물 난간에서 하는 시체놀이'나 안전장비 없이 건물 난간에서 턱걸이 하는 것이 그것입니다. 어른들이 보았을 때 청소년들이 하는 위험한 장난이나 행동은 대부분 호기심과 영웅심리 때문입니다.

  사춘기의 감정은 성인과 많은 차이를 보입니다. 감정을 조절하거나 절제하는 것이 성인과 달리 매우 어렵습니다. 특히 사춘기 아이들이 민감하게 느끼는 감정들이 있습니다. 수치심, 분노, 모멸감, 굴욕감 등입니다. 대부분 상대방에게 보이는 자신의 모습과 관련된 감정이 많습니다. 하지만 이런 감정이 잘못하면 자살이나 우발적인 폭력으로 이어져 본인이나 타인의 생명을 앗아가는 경우도 있습니다.

또한 '잘못된 감정'은 우울이나 자살과도 직결됩니다. 우리나라 청소년이 특히 자살률이 높은 이유는 '심리적 위기상황' 때문입니다. 심리적 위기상황의 원인은 한 가지가 아닙니다. 여러 가지 원인이 복합적으로 작용하여 발생하는 경우가 많습니다. '난 학교에서 왕따야. 학교 가기 싫어.'라고 생각하는 학생은 자살하지 않습니다. 하지만 '난 학교에서 왕따야. 집에서도 혼자야. 내 편은 아무도 없어.'라고 생각하는 학생은 자살을 시도할 가능성이 높습니다. 사람이 자살하는 직접적인 원인 중 하나는 모멸감입니다. 그리고 모멸감과 더불어 외로움 혹은 고립감이 더해진다면 심리적인 불안감은 더욱 커지게 됩니다. 청소년과 성인을 불문하고 '나 때문에 누군가 힘들어 해.'라는 생각과 '나는 혼자야.'라는 생각이 복합적으로 작용한다면 이 역시 자살로 이어질 가능성이 높아집니다.

초기 발견, 초기 치유의 효과

제가 일하는 연구소에서 실시하고 있는 중·고등학생 대상의 자살예방교육은 청소년 자살의 원인에 초점을 맞추고 있습니다. 청소년이 자살하는 이유를 철저하게 분석하여 원인을 제거하는 방법을 집중적으로 교육하고 있는 것입니다. 스트레스 해소방법, 친구들과 친하게 지내는 방법, 진로선택 요령, 부모와의 대화법 등 청소년들의 고민을 바탕으로 한 솔루션을 제시했고, 아이들은 이 해결책과 멘토들의 조언으로 고민과 우울 상태에서 하나둘 벗어날 수 있게 되었습니다. 자연스럽게 자살할 생각을 하지 않게 되었고, 정신건강 상태까지 긍정적으로 변화하였습니다. 지금도 저희 연구소는 다양한 청소년들의 고민을 수집하고 이 고민들을 분석하여 아이들의 마음을 어루만질 수 있는 교육 프로그램을 개발하고 있습니다.

　지금 사회 전반적으로 시행되고 있는 자살예방 전화나 각종 청소년 캠페인도 분명 필요한 정책이고 꼭 존재해야 하는 것입니다. 하지만 이러한 활동은 위의 도표에서 ⑦번 과정만 차단하는 것이라 할 수 있습니다. 청소년의 자살을 근본적으로 예방하고자 한다면 그들의 마음에 대해 깊은 고찰이 있어야 합니다. 자살예방, 우울증 예방, 고민 해결, 스트레스 해결은 모두 하나의 연장선에 존재하고 있습니다. ⑦번 과정을 막는 데는 한계가 있습니다.

　자살을 결심한 사람을 말리기는 어렵습니다. 하지만 우울증 초기의 경우 정밀한 상담이나 정신과 치료를 통해 ⑥번 과정으로 이동하는 것을 차단할 수 있습니다. 하지만 이 역시 막대한 노력과 시간이 필요합니다. 상대적으로 ①~⑤의 과정을 차단하는 것은 어렵지 않습니다. 부모님의 작은 관심만 있으면 충분히 예방이 가능합니다. 특히 ①, ② 과정을 차단하는 것은 가장 적은 노력으로 사후 모든 정서적 불안정을 예방할 수 있는 가장 좋은 방법입니다.

	차단하기 위한 방법	도우미	정서적 개선 여부	상대적 난이도
①과정	대화, 놀이, 운동	가족, 친구	매우 쉽게 개선 가능	매우 쉬움
②과정	대화, 놀이, 운동	가족, 친구	쉽게 개선 가능	쉬움
③과정	대화, 일반 상담	가족, 친구	쉽게 개선 가능	쉬움
④과정	일반 심리상담	가족, 전문가	쉽게 개선 가능	보통
⑤과정	정밀한 심리상담	전문가	시간과 노력 필요	보통
⑥과정	정신과 심리치료	전문가	많은 시간과 노력 필요	어려움
⑦과정	고도의 정신과 치료	전문가	개선 매우 어려움	매우 어려움

　청소년 아이들이 받고 있는 스트레스나 고민은 어른들의 세계처럼 복잡하거나 난해하지 않습니다. 앞서 언급한 유형에 대부분 포함되는 것으로 가정에서 조그마한 관심만으로 충분히 해소해 줄 수 있는 것이 많습니다. 우리 사회의 청소년들이 왜 자살을 생각하게 되었는지 원인을 파악하고 해결할 수 있는 방법을 함께 고민해 봐야 합니다. 심각한 고민이 줄어들고, 아이들이 충분히 감당할 수 있는 스트레스라면 청소년 아이들은 자살을 생각하지도, 우울증에 빠지지도 않을 것입니다.

아이들이 원할 때, 원하는 것을!

사춘기에 나타나는 다양한 문제들을 해결해야 할 주체는 바로 아이들 자신입니다. 어른들이 사사건건 간섭하거나 대신해 주는 오류를 범해서는 안 됩니다. 그렇다고 마냥 방관만 하는 것도 옳지 못한 태도 일 것입니다. 그렇다면 바른 어른의 모습은 어떤 것일까요?

아이들에게 가장 필요한 것은 '거만한 조언'이 아니라 '인생 선배의 응원'입니다. 아이들의 학업성적이나 활동의 결과가 나쁘다고 비난하거나 폄하해서는 안 됩니다. 잘했다면 칭찬을 해 주고 잘하지 못했다면 격려를 해 줘야 합니다. 학교생활이나 다양한 활동에 대한 격려와 응원만으로도 아이들은 충분히 바르게 자랄 수 있습니다. 아이들이 자라는 것을 식물이 자라는 것과 같이 생각한다면 어른들의 조급함이나 간섭을 많이 줄일 수 있습니다. 화분에 심어 놓은 식물은 제때 물만 챙겨 주고, 햇빛을 볼 수 있게 해 주면 됩니다.

또한 아이들이 안심하고 도움을 청할 수 있는 창구를 만들어 놓아야 합니다. 청소년이라고 하더라도 아직 미성숙한 인간입니다. 호르몬의 영향으로 심리적으로도 매우 불안정한 상태입니다. 당연히 정상적인 판단을 못할 수도 있고, 실수할 수도 있습니다. 이럴 경우 부담 없이 도움을 요청할 수 있는 창구를 미리 준비해 두어야 합니다. 그렇지 않으면 정서적인 부담이 가중되어 심리적 스트레스로 쌓이게 됩니다. 그리고 아이들이 도움을 요청할 때는 군소리 없이 필요한 부분만 도와주면 됩니다. 오지랖 넓게 도움을 청하지 않은 부분까지 도와주는 것은 아이들의 인생에 대한 월권행위입니다. 한걸음 떨어져서 아이들이 필요로 한 것만 제공해 주면 됩니다.

6장

편견을 깬 사춘기 아이들

사회적으로 아이들에게 주어지는 선택지 자체가 별로 없습니다. 아이들이 직접 해야 할 생각과 판단을 어른들이 대신하고 있습니다. 판단력이란 스스로 많이 판단하면서 키워가는 것입니다. 기회를 전혀 주지 않으면서 판단력이 없다고 비난하는 것은 어불성설입니다.

아이들은 기회에 목말라 있다

지방의 작은 중학교 보건선생님께서 연락을 해 왔습니다.

"우리 아이들에게 특별한 경험을 선물해 주고 싶어요. 그래서 사진 공모전에 참가하고 싶은데 도움을 주실 수 있나요?"

사진을 공부했던 터라 흔쾌히 수락하고 지방으로 내려갔습니다. 10여 명의 아이들이 모여 있었고, 선생님의 아이디어 브리핑이 있었습니다. 질병관리본부에서 주관하는 청소년 사진 공모전에 참여한다는 계획이었습니다. 간단한 브리핑이 끝나고 선생님께서 조용히 귀띔해 주셨습니다.

"우리 아이들은 공부에 별 취미가 없는 아이들이에요. 다른 사람들은 문제아라고 손가락질하는데 저는 그렇게 생각하지 않아요. 이 아이들이 뭔가 잘하는 게 있을 것 같은데. 이런 활동이라도 한번 참여해 보면 생각이 달라질 것 같아서요."

　선생님이 큰 틀을 잡아 놓았지만 세부적인 안은 아이들에게 직접 맡겨 보기로 했습니다. 외모에 자신 있는 아이들은 모델이 되고, 어릴 때부터 화장을 하고 다니던 아이들은 스태프로 참여하여 메이크업을 담당했습니다. 서로 이야기하면서 다양한 포즈를 만들어 갔고, 사진촬영이나 조명 등도 아이들이 직접 할 수 있도록 기회를 주었습니다. 처음에는 여러 가지로 어색해 하던 아이들이 점차 몰입하는 것을 느낄 수 있었습니다. 2시간이 넘는 시간 동안 열정적으로 촬영하였고, 아이들의 반응도 뜨거웠습니다. 이 아이들은 단지 공부를 못 하는 것일 뿐, 인생을 실패한 아이들이 아니었습니다. 활기찼고, 눈빛이 살아 있었습니다. 천여 장의 사진촬영을 마치고 약간의 보정을 거쳐서 공모전에 출품했습니다. 아이들의 땀이 어린 작품은 당당히 은상을 차지하였습니다. 문제아라고 손가락질 받던 아이들이 전국에서 2위, 보건복지부 장관상을 수상하는 놀라운 쾌거를 이루어낸 것입니다. 참가했던 아이들 모두 잊지 못할 소중한 추억을 갖게 되었습니다.

　한 고등학교 선생님은 119에서 주관하는 심폐소생술 UCC 공모전에 동영상을 출품하고자 아이들과 작품을 만들고 있었습니다. 아이들과 함께 작업하는 동안, 아이들이 가지고 있는 다양한 에너지를 실감했다면서 성적만으로 아이들을 평가하는 것은 너무 무책임하다는 것을 느꼈다고 합니다. 사회적으로 아이들이 할 수 있는 것들이 점점 줄어들고 있습니다. 어른들이 그런 사회를 만들고 있습니다. 선택지 자체가 별로 없습니다. 아이들이 직접 해야 할 많은 행동과 생각, 판단들은 어른들이 대신하고 있습니다. 판단력이란 스스로 많이 판단하면서 키워 가는 것입니다. 기회를 전혀 주지 않으면서 판단력이 없다고 비난하는 것은 어불성설입니다.

걸어 다닐 수 있는 나이가 지났는데도 걷지 못하는 아이가 있었습니다. 신체적로는 전혀 이상이 없었습니다. 의사는 도무지 원인을 파악할 수 없었습니다. 부모와 함께 놀이시설에 들어가 놀도록 한 다음에야 의사는 그 원인을 알 수 있었습니다. 어머니는 아이가 의자를 잡고 일어서려고 하면 넘어질까 두려워 아이의 허리를 잡아 주었습니다. 당장에 아이는 넘어지지 않았을지 모르지만, 이 작은 행동이 아이가 걸을 수 있는 기회를 빼앗아 간 것입니다. 어른들은 항상 이렇게 말합니다.
"다 너희들을 위해서 그런 거야."
하지만 이 말은 "너희들의 기회를 빼앗는 거야."라는 말과 동일합니다. 어른들은 아이들이 스스로 생각하고 판단할 기회를 제공해야 합니다. 물론 아이들이라서 잘못된 판단을 할 수도 있고, 실수할 수도 있습니다. 사람은 걷기 위해 2만 번 넘어져야 합니다. '판단력'과 '사고력'도 이와 다르지 않습니다. 실수와 실패를 많이 할수록 아이들은 현명한 판단을 할 수 있는 내공이 쌓입니다.

꼭꼭 숨어 있는 잠재력

청소년들에게 자원봉사활동은 사회를 경험하고 봉사할 수 있는 좋은 기회입니다. 그렇기에 정서함양을 위해서 많이 권장하고 있는 활동이기도 합니다. 그런데 지하철에서 피켓 들고 자원봉사 하는 학생들을 본적이 있나요? 따분한 표정에 한쪽 벽에 기대 스마트폰으로 게임만 하고 있는 아이들, 친구와 잡담하면서 피켓마저 내동댕이쳐 버린 아이들이 허다합니다. 헌혈을 하면 4시간의 자원봉사 시간을 인정해 준다고 합니다.

"피만 뽑으면 돼요. 뭐 하러 봉사해요. 안 쓰는 핸드폰 제출해도 봉사활동 2시간 인정해 줘요. 요즘 다른 친구들도 이렇게 봉사활동 시간 채워요."

이렇게 활동하는 것이 진정 청소년의 정서함양을 위한 봉사인가요?

지금 아이들의 머릿속에 사회봉사는 피 뽑고 안 쓰는 핸드폰 주면 되는 것뿐입니다.

매년 봄이 오면 여의도 광장에서 대규모 자선행사가 펼쳐집니다. 다양한 사회단체와 사회적 기업이 참여해서 행사를 진행하고 모금활동을 합니다. 각 단체마다 많은 청소년 아이들이 봉사활동을 하기 위해 모이는 시기이기도 합니다. 이때 아이들이 하게 되는 봉사활동은 피켓 들고 서 있기, 홍보물 나눠주기, 기념품 포장하기 등이 대부분입니다. 제가 활동했던 사회단체도 이 행사에 참여했습니다. 그런데 청소년 봉사활동을 더 의미 있게 진행하고 싶었습니다. 그래서 청소년 아이들에게 모든 것을 맡기고 저는 관리감독만 하면서 필요한 부분을 지원해 주고 격려해 주는 역할만 담당했습니다.

봉사활동을 하러 온 아이들은 어떤 활동을 어떻게 할 것인지 백지상태에서부터 시작하게 되었습니다. 필요한 최소한의 가이드라인만 제공하고 아이들이 하는 행동을 유심히 관찰해 보았습니다. 20여 명의 아이들은 잠시 당황한 듯하였지만, 이윽고 스스로 팀을 짜고 무엇을 할 것인지 아이디어를 내기 시작했습니다. 적당한 아이디어가 나오자 필요한 자원을 요청했습니다. 아이들이 요구한 것은 폼보드 몇 장과 부직포가 전부였습니다. 문구점에서 손쉽게 구할 수 있는 재료였기에 바로 제공해 주었습니다. 아이들의 서툰 손에서 제법 멋진 룰렛 게임판이 만들어졌습니다. 아이들은 룰렛게임을 통해서 홍보활동을 하겠다면서 부스에 게임판을 설치하였습니다. 몇몇 아이들은 응원가에 율동을 맞추어 홍보에 열을 올렸습니다.

결과는 상상 이상이었습니다. 많은 관람객들의 관심을 끌게 되었고, 예상을 초과하는 모금활동을 할 수 있었습니다. 그런데 더 인상 깊었던 것은 아이들의 소감이었습니다.

"오늘 진짜 재미있었어요. 이런 봉사활동은 날마다 할 수 있을 것 같아요."

"선생님, 이거 내일은 안 해요? 저는 내일도 하고 싶어요."

"대박! 대박! 짱 재미있어요. 이렇게 재미있는 봉사활동은 처음이에요. 또 불러 주세요."

이 아이들은 지금 대학생으로 성장하였고 여전히 매년 행사를 진행하고 있습니다. 지금 이 아이들의 기획력과 추진력은 어떤 마케팅회사도 따라가지 못할 정도로 반짝반짝 빛나고 있습니다.

스스로 길을 찾고 있는 아이들

"요즘 학교에서는 학생자치법정이 이루어지고 있습니다. 학생들의 인권을 보호하고자 선생님들을 대신해서 학생들이 자체적으로 법정을 만들어서 운영하고 있습니다. 예전에는 몇 학교 하지 않았는데 6개월 만에 이 자치법정을 도입한 학교가 전국에 200곳이 넘어 갑니다."

대단하고 기발한 아이디어 같았습니다. 학생들이 자발적으로 법정을 운영하기는 무리가 있다고 생각했는데, 법무부에서 교육과 운영을 도와준다고 합니다. 판사, 검사, 변호사 역할의 아이들을 선발해서 법무부에서 관련 교육을 하고, 학교에서 법정을 운영한다고 하니 안심이 되기도 했습니다.

그런데 한 학생이 문제를 제기했습니다.

"그런데 이게 막상 도입해 보니까 문제가 있었어요."

"무슨 문제죠?"

"자치법정에서 오히려 학생들의 인권을 학생들이 탄압하는 경우가 더 많아졌습니다. 판사나 검사 역할을 하는 학생들이 강압적인 모습을 보이는 것이죠. 그래서 일부 학생들에게서 오히려 과거 선생님들이 체벌하는 게 더 낫다는 의견도 나오고 있습니다."

당찬 학생은 말을 계속 이어갔습니다.

"그래서 이와 관련해서 논문을 썼습니다. '자치법정이 오히려 학생인권을 탄압한다.'는 내용으로요."

고등학교에 재학 중인 이세영 군은 이 주제로 논문을 썼고, 이를 인정받아 국제청소년학술대회에서 수상까지 할 수 있었다고 합니다. 그리고 지금은 다른 청소년들에게 논문 쓰는 법을 알리겠노라며, '한국사회과학연구소'까지 설립하였습니다.

현재 이 사이트는 논문을 쓰고자 하는 수백 명의 학생이 회원으로 가입되어 있는 인기 있는 단체가 되었습니다. 고등학생이 논문을? 의아해 하는 분들도 많지만, 수시입학전형과 다양한 입학전형이 주를 이루는 대입현장에서 고등학생들의 논문은 낯선 것이 아닙니다.

"고등학생이 논문 쓰는 것을 도와주는 곳이 거의 없습니다. 대학교수나 조교들한테도 도움을 청해 보았지만 아무도 도와주려 하지 않았습니다. 겨우겨우 어렵게 도움을 받았습니다. 다른 친구들은 이런 어려움을 되풀이하지 않도록 도와주고 싶습니다."

이 학생의 이야기는 군더더기 없이 깔끔하고 당당했습니다. 어설픈 사업계획을 발표하는 창업자들보다도 훨씬 성숙했고 힘있게 느껴졌습니다.

"여러분의 도움이 필요합니다. 대학생이나 대학을 졸업한 어떤 분이든 좋습니다. 저희를 도와주세요."

물론 고등학생들이 작성하는 논문은 대학 졸업논문과는 비교도 안 될 정도로 간소합니다. 리포트 수준의 내용이지만 그들의 문제의식은 사뭇 진지합니다. 교과서에나 나오는 틀에 박힌 문제가 아니라, 자치법정의 문제나 미래에너지 문제 등 살아있는 문제의식을 느낄 수 있습니다.

요즘 아이들은 인생을 배울 수 있는 곳이 거의 없습니다. 공교육과 사교육 모두 국·영·수 등 일부 과목에만 치우쳐 교육을 하고 있기 때문입니다. 국·영·수 이외의 다양한 사회활동을 배울 곳도 없거니와 어른들은 가르칠 생각조차 하지 않습니다. 그래서 요즘 청소년들은 이렇게 본인이 직접 자신의 길을 개척해 나가고 있는 것입니다.

'위기의 청소년' 토크콘서트

　지방의 한 강연에서 자살예방활동을 하는 회사의 대표를 만났습니다. 놀랍게도 고등학생이었습니다. 자살예방활동에 대한 짧은 강연을 들었지만 그의 진정성이 마음에 계속 남아 있었습니다. 얼마 후, 한 통의 전화를 받게 되었습니다. 자살예방 콘서트를 연다는 소식이었습니다. 반가웠습니다. 그 아이는 청소년들의 마음을 어루만질 수 있는 '감정읽기' 강연을 부탁했고 저는 흔쾌히 수락하였습니다. 그렇게 메아리 '위기의 청소년' 토크콘서트가 시작되었습니다.
　한여름 찜통 같은 날씨의 토요일 오후. 고등학교 3학년 CEO 이창한 군과 함께 아담한 카페로 향했습니다. 한적한 카페 안쪽에 또 다른 공간이 있었습니다. 책꽂이나 피아노 그리고 아기자기한 소품이 고풍스러운 분위기를 연출하고 있었습니다. 그곳에 청소년들 20여 명이 모여

행사를 기다리고 있었고, 스태프로 보이는 몇몇 학생들은 분주하게 움직였습니다. 책꽂이 사이사이 작은 포스터와 패널이 오늘의 행사를 알리고 있었습니다. 본 행사를 시작하기 전에 대기석에서 간단하게 인터뷰 동영상을 촬영하였습니다. 촬영이 끝나고 오늘 토크콘서트의 진행과 순서에 관하여 설명을 들을 수 있었습니다.

앳된 여학생이 진행하는 아이스브레이킹새로 형성된 팀이 어색함을 버리고 한 팀으로 감정을 형성하는 활동으로 행사의 막이 올랐습니다. 참석자 전원이 참여하는 스피드 퀴즈로, 청소년 아이들이 금방 친해지는 모습이 색다르게 느껴졌습니다.

'과연 어른들이라면 이렇게 쉽게 서로 마음을 열 수 있을까?'

이어 '청소년의 자살'이라는 사뭇 무거운 주제로 연극이 진행되었습니다. 부모의 욕심과 편견 그리고 비교로 인해 자살을 선택하게 된 아이의 이야기가 펼쳐졌고, 자살로 인하여 더 큰 아픔을 겪고 있는 유가족의 모습이 연극이라는 장치를 통하여 생생하게 전해졌습니다. 변변한 무대장치나 배경, 특수효과 하나 없는 연극이었지만 그들의 진심이 가슴 속 깊이 전해지는 매우 뜻깊은 연극이었습니다. 거침없이 열연한 배우들에게 진심으로 박수를 보냈습니다.

참석자들의 자발적인 참여로 이루어진 포럼연극을 통하여 부모자식 간의 의사소통을 어떻게 잘할 수 있는지를 다시 확인한 유익한 시간이었습니다. 이 자리에 부모님들이 같이 있었다면 서로를 이해하는 좋은 기회가 될 것 같았습니다. 청소년에게 꼭 필요한 것과 필요하지 않는 것을 리서치 하였고, 각자의 고민을 이야기하면서 청소년들이 지금 느끼고 있는 것을 가슴과 가슴으로 이해할 수 있었습니다. 어른들이 기획하고 진행하는 수많은 행사들을 보아 왔지만 청소년이 직접 기획부터 진행까지, 어른들의 손 하나 빌리지 않고 이루어냈다는 것이 참 대단한 일이라고 생각합니다.

 우리는 누구나 청소년이었고 그 시기를 보냈습니다. 청소년기의 고민을 우리 모두 했었고, 우리 모두 괴로워하며 그 시기를 보냈습니다. 우리 어른들은 알게 모르게 나름으로 고민에 대한 해결책을 갖고 있습니다. 그러나 청소년들은 자신의 문제를 누군가 해결해 주기 바라지 않습니다. 다만 인생 선배들의 관심을 바랄 뿐입니다. 혹자는 요즘 아이들이 '약하다', '뭘 모른다.'라고 합니다. 그런데 전혀 그렇지 않습니다. 그들의 내면은 우리의 어린 시절과 별반 다르지 않다는 것을 느낄 수 있는 시간이었습니다.

심야 자살예방 카페

"대표님 시간 있으세요?"

신입 연구원이 슬며시 다가왔습니다.

"이번에 청년창업 모임에서 누구를 만났는데요."

사회적 기업을 창업하기 위한 모임에 관심이 많은 이 연구원은 누군가의 연락처가 적힌 수첩을 보여 주었습니다.

"모임에 여고생 한 명이 있었어요. 그런데 그 학생이 당당하게 창업을 하겠다고 자기의 사업계획을 발표하는 거예요. 자살이 대부분 밤이나 새벽에 많이 일어난대요. 그래서 그런 시간에 사람들이 찾아올 수 있는 심야카페를 만들겠다고 하는데, 대표님이 한번 만나보면 좋을 것 같아서요. 연락처 여기 있어요."

전화번호와 이메일을 옮겨 적으면서 연구원의 이야기를 계속 들었습니다.

"이 학생이 자살을 시도한 경험이 있대요. 그리고 지금은 자기 경험하고 이런 아이디어밖에 없대요. 아직 구체적인 사업계획도 아니고 전문지식도 없고 상담이나 다른 것에 대해서도 아무것도 모른대요. 그래서 제가 대표님 소개시켜 줬어요."

"아, 그래요? 감사합니다."

다음날 그 학생에게 전화를 해 보았습니다. 아직 어린 학생이라 그런지 직접 만나서 이야기하는 것을 조금 부담스러워 하는 눈치입니다. 간단히 전화로 아이의 이야기를 들어 볼 수 있었습니다.

"뛰어내리려고 한강 다리에 갔어요. 밤늦게요……, 학원 끝나고요. 한강 다리 쪽으로 걸어갔어요. 처음에는 담담했는데 어느 순간부터 계속 눈물이 났어요. 무서웠어요. 밤에 깜깜하고 아무도 없어서 너무 무서웠는데 걸어가는 걸 멈출 수가 없었어요. 누가 날 잡아 줬으면 하는 생각이 들었어요. 누가 불러 줬으면 좋겠는데 아무도 없었어요. 마지막이라고 생각하니까 좀 아쉬운 생각도 들었어요. 그때 바로 옆에 카페가 있었으면 바로 들어가서 카페모카를 먹고 싶었어요. 저 그 커피 좋아하거든요. 그런데 카페는 없었어요. 저는 계속 캄캄한 곳으로 걸어 들어갔어요."

전화였지만 그 아이의 표정과 상태를 알 수 있을 정도로 목소리가 여리게 떨리고 있었습니다.

"다리 위에 서 있으니 엄마도 보고 싶고, 집에도 가고 싶은데 몸이 내 맘대로 안 움직였어요. 계속 울기만 하고 있는데, 어떤 신혼부부 같은 사람들이 와서 저한테 말을 걸었어요. 저는 아무 말도 못 하고 펑펑 울기만 했어요. 그 사람들이 경찰에 신고해 줘서 살 수 있었어요. 나중에 생각해 보니까 그때 카페 같은 곳에 가고 싶었던 것 같아요. 그런 장소가 다리 옆에 있으면 자살하려는 사람들이 많이 줄어들 것 같아요."

심야카페와 자살의 상관관계는 더 연구를 해 보아야 알 수 있겠지만, 그 아이의 목소리에서 힘과 의지가 느껴졌습니다. 아이의 마지막 한마디는 그 누구보다 진지했습니다.

"제가 카페를 창업할 수 있을지 없을지는 모르겠어요. 그런데 앞으로는 저 같은 사람이 없었으면 좋겠어요. 다른 친구들은 그런 경험을 안 했으면 좋겠어요. 너무 무서웠어요. 정말로……."

일본의 오토이넷푸 아이들

우리나라의 청소년문제가 심각하다고 하지만, 실상 우리나라만의 문제는 아닙니다. 전 세계적으로 청소년 문제가 심각합니다. 이웃나라 일본도 마찬가지입니다. 특히 일본의 경우는 등교를 거부하는 아이들이 급증하여 심각한 사회문제가 되고 있습니다. 이지메로 불리는 집단따돌림 문제로 골머리를 앓던 일본 교육계에 '등교거부'라는 또 다른 문제가 대두된 것입니다. 등교거부의 사유도 다양합니다. 이지메나 학교폭력을 피하려는 목적도 있지만, 무의미한 경쟁에 피로감을 느끼는 아이들도 있고, 우리나라보다 더 극심한 주입식교육에 염증을 느낀 아이들도 있습니다. 아키하바라 시내 한가운데서 '묻지 마' 식으로 칼부림을 하는 등 경직되고 획일화를 강요한 일본의 현 사회에 적응하지 못하는 청소년들이 늘고 있다고 보는 시각도 있습니다.

끝이 보이지 않는 일본의 청소년문제를 해결할 단비와 같은 소식이 들려왔습니다. 집단따돌림, 괴롭힘, 우울증 등으로 등교를 거부하던 아이들을 받아들여 3년 동안 놀라운 변화와 성장을 이뤄냈다는 '오토이넷푸 미술공예 고등학교' 이야기입니다. 작은 시골 마을에 있는 이 고등학교는 NHK 방송에 방영되는 순간 일본 전역에서 '기적의 학교'로 떠오르며 화제를 모았습니다. 이 고등학교 이야기를 듣고 직접 가서 도대체 어떤 일이 벌어지고 있는지 직접 보고 싶었습니다. 누구도 손대기 꺼려하는 비행청소년 문제를 어떻게 흥미롭고 재미있게 풀어 가는 것일까?

삿포로에서 아사히카와를 거쳐 오토이넷푸까지의 여정은 편한 길이 아니었습니다. 변변한 관광지도 아니어서 철도 이외의 교통편도 많지 않았습니다. 오토이넷푸 마을은 10여 분만 둘러보면 구경을 끝낼 정도로 작고 아담했습니다. 인적도 드문 아담한 마을. 큰길가에 있는 슈퍼마켓이 이 마을의 유일한 슈퍼이고, 하나 있는 식당은 오늘이 쉬는 날인 듯했습니다.

오토이넷푸 역에서 학교로 가는 길도 마땅치 않았습니다. 잘 닦이지 않는 흙길을 따라 걷다가, 낡은 육교로 철길도 건너야 했습니다. 앗, 여긴 학교 뒷문인가 봅니다. 학교 기숙사 옆을 지나고 있는데 기숙사 안에서 소녀 두 명이 저를 쳐다보았습니다. 가볍게 손을 흔들어 주니 그 아이들도 수줍은 듯 손을 흔들었습니다. 옆을 지나가는 어떤 남학생이 꾸뻑 인사를 합니다. 이 남학생만 그런 줄 알았는데 운동장에서 축구를 하던 학생들도 눈이 마주치자 거침없이 인사를 합니다. 조깅을 하던 10여 명의 아이들도 인사를 하면서 지나갔습니다. 처음엔 '왜 나에게 인사하지?'라며 의아해 했지만, 이 학생들의 인사가 '교육의 힘'이라는 것을 깨닫는 데는 긴 시간이 걸리지 않았습니다.

학교 본관에 들어서자 우리나라의 학교와 별반 다르지 않은 신발장과 실내화가 보였습니다. 입구 한편에 자리 잡은 작은 창을 통해 행정실 내부가 보였습니다. 창 쪽에 앉아 계신 여자 분에게 인사를 하면서 학교를 한번 둘러봐도 되는지 물어보았습니다. 그분은 잠시 머뭇하시더니 잠시만 기다려 보라고 하시고는 어디론가 황급히 가셨습니다. 잠시 후, 영어선생님이 등장하셨습니다. 선생님께 한국에서 왔다고 간략히 소개를 하고 학교 견학을 요청하였습니다. 지금은 정규수업시간이 끝나고 특별활동시간이라고 설명해 주셨습니다. 이곳 아이들은 특별활동 시간에 주로 운동을 하거나 공예를 한다고 했습니다. 물론 어떤 활동을 할지는 자율적으로 선택한다고 합니다. 1층 홀에 빼곡하게 전시되어 있는 졸업반 아이들의 작품을 감상한 후, 공예작업실로 발걸음을 옮겼습니다. 커다란 여닫이문이 열리는 순간, 어두운 터널에서 갑자기 햇빛이 쏟아지는 밖으로 나온 듯한 느낌을 받았습니다.

잘 정돈된 작업대에서 10여 명의 아이들의 나무 공예를 하고 있었습니다. 상상을 초월하는 독특한 모형에서부터 귀여운 캐릭터까지 다양한 작품들이 아이들의 손에서 태어나고 있었습니다. 영어선생님은 이 아이들이 만들고 있는 작품이 모두 자발적인 프로젝트라고 귀띔해 주셨습니다. 낯선 외지인의 방문에 어리둥절한 아이들에게 한국에서 왔다고 소개하니 '꼬레아, 꼬레아' 하면서 호기심을 보입니다. 그런데 이 아이들의 표정이 너무 맑고 깨끗했습니다. 한국어를 조금 할 수 있는 아이들이 몇 명 있었습니다. 한국어를 따로 배웠냐고 물어 봤더니, 따로 공부한 건 아니고 K-pop 열혈 팬이라고 했습니다. 서투르지만 '안녕하세요.', '맛있어요.', '감사합니다.'와 같은 기본적인 말도 잘 알고 있었습니다. 귀여운 여학생이 쪼르르 달려와서 자기는 소녀시대를 좋아한다고 이야기하고 다시 쪼르르 사라졌습니다. 이러한 아이들의 깜찍한 행동에 자연스럽게 미소가 머금어 졌습니다.

잠시 후 교감선생님께서도 견학에 동참해 주셨습니다. 교감선생님은 아이들의 작품에 대해 대단한 자부심을 갖고 계셨습니다. 학교 곳곳에 전시되어 있는 작품에 대해서 자세한 설명을 들을 수 있었습니다. 비단 작품 설명뿐만 아니라, 이 작품을 만든 아이들의 변화까지도 상세하게 전해 들었습니다.

 2층 회화실에서도 본인의 감정을 극적으로 표현한 아이들의 작품을 볼 수 있었습니다. 이 아이들의 작품을 보면 굳이 질문하거나 이야기 하지 않더라도 어두운 자신의 과거를 투영한 것임을 알 수 있었습니다. 특이할 만한 점은 어두운 면을 그린 작품이지만, 어느 한구석에는 희망의 메시지를 담고 있다는 것입니다.

 몇몇 아이들은 아직도 마음의 문을 열지 못했는지, 오타쿠Otaku,おたく처럼 한쪽 구석에서 그림을 그리고 있었습니다. 하지만 이 아이들도

이 학교의 긍정적인 기운을 받아, 머지않아 다른 아이들처럼 밝아질 거란 확신이 들었습니다. 세상에는 글이나 말로 표현할 수 없는 그 무엇인가가 존재한다고 생각합니다. 이 학교 아이들의 행동과 표정을 본 순간 자연스럽게 알 수 있었습니다. 지금 이 아이들은 스스로를 극복하고 있다는 것을…….

7장

사춘기 아이들의 고백 그리고 공감

아이들에게 너무 먼 미래의 걱정거리를 미리 제시하지 마십시오. '선행 고민'은 아이에게 득 될 것이 아무것도 없습니다. 지금 '선행 고민'에 빠져 있는 아이들에게 눈앞에 있는 문제를 해결하는데 집중하도록 지도하는 것이 필요합니다.

할머니를 볼 수 없어요

고민

보고 싶은……,

보고 싶지만

영원히 보지 못 할 수도 있는 친할머니와 고모들 그리고 아빠 보기.

제일 사랑하는 남자친구 감동시켜 주기.

상황

강의를 마치고 아이들이 제출한 고민쪽지를 훑어보았습니다. 평범한 아이들의 고민들 사이에서 눈에 확 들어오는 짧은 쪽지 한 장. 단 서너 줄의 글을 읽는 순간 잠시 동안 움직일 수 없었습니다. 방금 제 눈앞에서 밝게 웃으면서 재미있게 강의를 듣던 그 아이가 이렇게 괴로움을 호소하고 있었습니다. 이 고민을 작성한 아이는 여느 아이들과 다르지 않은 풋풋하고 수줍은 고1 여학생의의 모습이었습니다. 하지만 마음은 아파하고 있다는 것을 본능적으로 느낄 수 있었습니다. 지금 이렇게 밝게 웃는 것도 오히려 괴로운 자신의 본래 모습을 드러내지 않으려는 방어기전의 일종이라는 것을 스스로도 잘 알고 있는 듯 보였습니다. 부모님의 이혼 상황이라는 것이 거의 확실시 되었지만, 아이 앞에서 '이혼'이란 말을 직접 언급하기에는 위험부담이 너무나 컸습니다. 단어 자체가 주는 두려움이 너무 컸기에 오히려 그 단어를 사용하지 않고 우회적으로 고민을 드러내려는 의도가 보였기 때문입니다.

조용한 공간에서 이야기를 꺼냈습니다.

"지금 가장 하고 싶은 일이 뭐니?"

잠시 머뭇거리더니, 뭐가 그리 좋은지 신나서 대답을 합니다.

"생일선물 사는 거예요. 다음 주에 남친 생일인데, 선물로 뭘 사야 할지 모르겠어요. 남자들은 선물로 뭐 받으면 좋아해요? 선생님은 생일선물로 커플티 맞춰서 입으면 좋아요?"

생일선물을 시작으로 이야기를 나누었지만, 이 아이는 부모나 가정이야기를 하는 것을 극도로 꺼리는 눈치였습니다. 남자친구 이야기만 하면 눈빛이 빛났고, 가족 이야기에는 침묵을 지켰습니다. 그래도 마음을 기댈 곳이 단 한 곳이라도 있다는 점에서 다행이라는 생각이 들었습니다.

"감사합니다, 선생님. 안녕히 가세요. 히힛. 아……, 그리고 저 할머니가 진짜 많이 보고 싶어요."

웃으며 돌아서는 아이의 마지막 인사말이었습니다.

분석

아이들은 어떤 고민을 할까요? 많은 부모들은 '성적이나 친구문제가 대부분이겠지.'라고 생각하고 있습니다. 하지만 실제로 아이들은 '가정'을 걱정하는 고민을 가장 많이 합니다. 최근 들어 급증하고 있는 고민의 유형이기도 합니다. 앞의 고민도 짐작하듯이 이혼가정의 아이가 작성한 내용입니다. 이 아이는 자신이 아닌 가정의 문제 때문에 고민하고 있습니다.

이혼가정의 부모는 흔히 아이들에게 "이것은 어른들의 문제다. 너는 신경 쓰지 말고 공부만 열심히 하면 된다."라고 이야기 하지만 부모의 문제는 곧 자식의 문제이기도 합니다. 이런 불안정한 가정에서 어떻게 아이들이 공부를 제대로 할 수 있을지 생각해 보아야 합니다.

가정에서 외로움을 느끼는 아이들은 친구나 또래집단에서 그 마음을 달래려고 합니다. 과거의 이성교제는 대부분 이성에 대한 호기심이 발단이었지만, 요즘 아이들의 이성교제는 서로의 외로움을 달래기 위한 수단입니다. 그렇기 때문에 상대적으로 집착이 심하고 상처도 많이 받습니다. 어린 나이에 쉽게 마음을 주고 성관계까지 이어지는 원인이 되기도 합니다.

솔루션

건강하고 화목한 가정을 꾸리는 것이 최선입니다. 부부싸움이나 단순한 말다툼도 아이들이 보지 않는 곳에서 하는 것이 좋습니다. 부부 간의 갈등상황에서 심리적으로 가장 피해를 보는 사람은 항상 아이들입니다. 부모와 가정은 아이들이 자라는 텃밭과 같습니다. 땅이 비옥하고 든든해야 식물이 잘 자라듯이 건강하고 화목한 가정이 이루어져야 아이들이 좋아집니다.

불가피하게 이혼을 결심했다면 자녀의 미래를 위해서 최소한 자녀가 고등학교를 졸업할 때까지 이혼을 보류해야 합니다. 심각한 정신적·신체적 위험으로부터 벗어나고자 불가피하게 이혼을 고려한다면 아이에게 이혼의 이유와 이후 상황에 대해서 충분히 이해할 수 있도록 설명해 주어야 합니다. 이혼 가정에서 부모의 지원은 아이에게 절대적입니다. 무조건 믿고 지지해 주는 자세가 필요합니다. 단, 부모가 과도하게 자녀한테 집착하는 경우는 오히려 심리상태를 악화시키는 결과를 초래합니다.

잘하는 게 하나도 없어요

고민

다른 사람보다 못 하는 게 많고, 가진 게 없는 것 같아서 항상 남 앞에서 위축되고, 부족한 기분이 들어서 열등감도 많고 하고 싶은 건 많은데 아직 방법을 찾지 못해서 너무 고민이에요.

상황

"저는 잘하는 게 뭘까요? 잘하는 것도 없고 자신감도 없어요."

약간은 무기력해 보이는 이 남자아이의 고민의 핵심은 '열등감'이었습니다.

"우리 아빠는 저를 싫어해요."

왜 그렇게 생각하는지 이유를 물었습니다.

"제가 너무 자신감이 없고 패기도 없다고 만날 혼내요. 남자가 야망과 자신감이 있어야 하는데, 저한테서는 그런 것을 찾아볼 수 없대요."

마초적인 성격의 아버지 때문에 오히려 자신감을 잃어버린 아이의 모습이 안타까웠습니다.

무엇을 가장 잘하는지 물어 보았지만 돌아오는 대답은 역시 같았습니다. 질문을 바꾸어 보았습니다.

"그럼 가장 하고 싶은 것은 뭐지? 잘하든 못하든 그런 것은 생각하지 말고 진짜 한번 해 보고 싶은 것?"

"저는 그림 그리는 거 좋아해요. 그런데 아빠는 제가 그림 그리는 게 싫대요. 남자가 할 일을 하라고 하면서……. 그리고 국사나 세계사 이런 과목도 좋아하긴 하는데……."

드디어 힌트가 나왔습니다.

"그럼 국사, 세계사 공부하면 어때?"

"대학 갈 때도 필요 없는 과목이라서 따로 공부는 안 하는데……. 저 그래도 국사는 거의 만점 받아요."

"어? 국사 잘하네? 선생님은 국사 공부 잘 못 했는데……. 부럽다."
시무룩하던 아이의 표정이 잠깐 밝아지는 것을 느낄 수 있었습니다.

분석

자신의 실력이 다른 사람에 비해 모자란다는 심리는 청소년기에서 자주 나타나는 현상입니다. 특히 부모의 기대가 본인의 실력보다 과도하게 높은 상황에서 자주 표출되는 심리상태입니다. 어른들은 흔히 '목표와 이상은 높게 잡으라.'고 하지만 이는 경영전략을 학업에 무리하게 끼워 맞춰서 잘못 전파된 이론입니다. 학생의 성향에 따라 다르지만 학습의 경우 대부분 '사기'를 높이는 것이 중요하므로 자신감을 유지하려면 성취 가능한 목표를 설정하여야 합니다. 그리고 계단을 한 단씩 오르듯 목표를 하나하나 달성하도록 유도하는 것이 효과적입니다.

목표가 과도하게 높을 경우 오히려 자신감이 추락하게 되며 심리적 위축과 열등감으로 이어지게 됩니다. 상황을 악화시키는 주요 원인은 부모가 심리적 지지 없이 기대와 부담만 가중하는 경우입니다. 인정받지 못해서 스스로 자학하는 아이들의 모습이 열등감으로 표출되고 우울증이나 자살로 이어지는 도화선이 되기도 합니다.

스스로 해결방법을 찾지 못하는 경우 청소년들은 보통 '부모, 친구, 선생님' 순으로 도움을 요청하지만 부모와 친밀한 관계가 아닌 경우 오히려 친구나 선생님에게 먼저 도움을 요청하는 경우도 많습니다. 성장기 아이들은 부모와의 관계에서 인간관계의 기본 기술과 의사소통 방법을 습득하기 때문입니다.

솔루션

심리적으로 불안한 아이에게 학업이나 성적에 대한 무리한 기대는 위험합니다. 열등감을 가지고 있는 아이들의 경우 스스로 학업에 욕심이 있는 경우가 많습니다. 욕심은 크지만 실력이 따라 주지 못해서 열등감이 생기기 때문입니다. 이런 상황에서는 아이가 목표를 자율적으로 설정하고 이룰 수 있도록, 관찰자 입장에서 그저 바라봐 주는 것이 최선의 지도방법입니다.

성적이 떨어지거나 자심감이 감소할 경우 "괜찮아, 성적이 오를 때도 있고 떨어질 때도 있지."라고 위로만 해 주면 스스로 극복할 수 있습니다. 한편 성적이 오를 경우 "잘했어. 네가 자신감 있는 모습을 보니 엄마 기분이 좋다."라고 부모의 감정을 표출해 주는 것이 좋습니다. 그런데 "성적 조금 올랐다고 방심하지 말고 더 열심히 해."와 같은 충고는 피해야 합니다.

아이가 학습방법이나 진로에 대해 고민할 때, 부모가 모범답안을 알려주는 것은 오히려 악영향을 끼칩니다. "우리 같이 방법을 찾아보자."고 유도한 다음 고전이나 신문, 추천도서, 백과사전 등 오프라인의 다양한 도구에서 해결방법을 같이 찾아보는 것이 중요합니다. 같이 문제를 해결하는 과정에서 아이들은 부모에게 신뢰를 느끼고 부모가 자신과 함께하는 동반자임을 인식하기 때문입니다.

하고 싶은 일을 포기해야 돼요

고민

내가 진짜 하고 싶은 일을 주변 상황이나 인물들 때문에 하지 못하고 다른 인생을 살아가야 해서 그것이 너무 싫어서 고민이다. 내가 하고 싶은 일을 한다면 내 주변사람들에게 보탬이 되어 주지 못하고 내 삶을 포기 해야만 주변사람이 더 행복해지고 힘들어 하지 않을 수 있다.

상황

　상업고등학교에 입학한 은지의 고민은 현실적이었습니다. 미술에 많은 재능과 흥미를 가지고 있는 아이는 집안문제 때문에 괴로워하고 있었습니다. 아버지 몸이 불편하여 간병인이 필요하고, 어머니는 일용직 노동일을 하고 계십니다. 은지가 초등학교 때만 하더라도, 화목한 집안이었습니다. 그런데 은지가 중학교 1학년 때 아버지가 갑작스럽게 교통사고를 당하셔서 하반신을 사용하지 못하게 되었습니다, 순식간에 아버지는 직장을 잃게 되었고, 가정주부였던 어머니는 생계를 위해서 돈벌이에 나섰습니다. 식구들이 돌아가면서 아버지 간병을 해야 했고, 어머니 벌이로는 아버지 약값을 대기에도 빠듯했습니다. 인문계 고등학교에 진학할 수 있는 좋은 성적이었지만, 집안사정 때문에　은지는 상업고등학교 진학을 결심했다고 합니다.

　"제가 빨리 돈 벌어야 될 것 같아요. 졸업하기 전이라도 취업반에 들어가서 빨리 취업할 수 있으면 공장이든 어디든 취업해서 돈 벌 거예요. 그래야 동생도 계속 학교 보내고 살 수 있고……."

　지금도 은지는 학교가 끝나면 평일에는 패스트푸드 점에서, 주말에는 편의점에서 아르바이트를 합니다.

　꿈에 대해서 물어 봤을 때, 은지는 포기한 듯 이야기합니다.

　"그냥 그림 그리고 싶어요. 그런데……, 못해요. 제가 그림 그리면 돈 못 벌잖아요."

분석

실업계 고등학교 아이들의 고민은 사뭇 진지합니다. 당장 취업을 걱정하는 아이들도 많고, 방과 후, 주말에 아르바이트 하는 학생들도 적지 않습니다. 이런 아이들은 가정이 제 기능을 하지 못하는 경우가 많습니다. 이들이 부모님의 모습을 보고 돈 걱정을 하면 부모님들은 흔히 이렇게 이야기합니다.

"너는 돈 걱정 하지 말고 공부만 열심히 하면 돼."

그런데 가정이 심리적으로 든든하게 받쳐 주지 못하면 공부하기 어렵습니다. 가정이 든든하지 못하면 아이들은 흔들립니다.

솔루션

아이들의 문제에서 특히 어머니의 역할이 매우 중요합니다. 어머니는 가정의 위기 상황에서도 흔들리지 않고 담담하게 문제를 바라보아야 합니다. 사소한 일로 어머니가 우는 모습을 보이거나 나약한 모습을 보이면 아이들은 바로 무너져 버립니다. 하지만 어머니가 강인하게 지지해 준다면 아이들도 용기를 내서 문제를 해결해 나갈 수 있는 힘을 얻습니다. 포기하지 않고 강한 어머니는 아이들의 정신적 지주입니다. 포기하지 말고 건강을 챙기는 어머니의 자세가 필요합니다.

그렇다고 어머니 혼자서 모든 짐을 짊어질 필요는 없습니다. 어려움이 있으면 아이들과 함께 상의해도 좋습니다. 아이들에게 오히려 부모를 도울 수 있는 기회를 주는 것도 현명한 방법입니다. 아이들은 자기 몫을 할 수 있는 기회가 주어지면 오히려 자존감이 향상됩니다. 칭찬과 격려를 많이 해주면 더욱 힘을 얻습니다. 미술이나 예술 분야는 진출방법이 다양합니다. 대학이 아니더라도 많은 진로가 있기 때문에, 전시회를 꾸준히 보면서 꿈을 잃지 않도록 도움을 주면 아이의 의지가 더 강해질 수 있습니다.

아빠가 싫어요

고민

매사 귀찮을 때가 많아요.

감정의 기복이 심해요.

진로도 걱정돼요.

아빠가 싫어요.

상황

 평범한 여고 3학년 수현이의 고민은 다른 청소년 아이들의 고민과 다르지 않은 전형적인 형태였습니다. 그런데 주목할 점은 유독 아빠가 싫다는 것입니다. 수현이는 어린 시절 폭력적이었던 아버지의 모습을 잊지 못하고 있습니다. 어린 시절 아버지가 어머니를 무참히 때리던 장면을 아직까지 생생하게 기억하고 있었습니다. 지금은 아버지가 수현이에게 잘해 주지만, 수현이는 가끔 어렸을 때 기억이 되살아나서 괴롭다고 합니다. 아버지가 어깨를 두드리거나, 손을 잡으려 하는 등 몸에 손을 대는 것도 질색합니다.

 "아빠가 날 만지는 게 너무 싫어요. 손잡는 것도 그래요. 제 몸이 그렇게 반응해요. 참아 보려고도 해 봤는데 모르겠어요. 잘 안 돼요. 소름 끼치고 역겨워요."

 어머니는 이런 수현이의 행동이 오히려 이해가 안 간다고 합니다. 오히려 폭행 피해자인 본인은 그 사건을 모두 용서하고 잊었는데, 맞지도 않은 아이가 그렇게 행동하는 게 이상할 따름입니다. 어렸을 때 충격이 지금까지 이어질 수도 있겠다는 생각은 해 보았지만, 지금 수현이의 행동은 너무 심한 것 아닌가 하는 게 어머니의 입장입니다.

분석

아이가 어렸을 때, 아버지가 폭력적인 성향을 보였지만 지금은 그런 성향이 고쳐진 상태입니다. 수현이 아버지는 자녀가 크면서 스스로 폭력성을 인정하고 크게 반성했다고 합니다. 앞으로도 계속 좋은 모습을 보여 주려고 노력하는데 도무지 아이가 받아 주지 않는 상황입니다. 어머니에게 아버지의 과거 폭력성에 대한 앙금이 남아 있는 경우 아이들 역시 아버지에 대한 반감이 극심합니다. 만약 부모가 서로 화해하고 더 이상 폭력적인 모습을 보이지 않았다고 할지라도 아이들은 본능적으로 아버지를 멀리하려고 합니다. 그리고 무뚝뚝하게 대하는 아버지에 대한 아이의 두려움이 존재합니다. 특히 여자아이의 경우 본능적으로 폭력적이거나 무뚝뚝한 사람에게 강한 경계심을 갖는 경우가 많습니다.

솔루션

아버지의 경우 아이에게 잘하려는 모습보다 아내에게 잘하려는 모습이 필요합니다. 아이들은 '본인에 대한 아버지의 태도'보다 '어머니를 대하는 아버지의 태도'에 대해 더 유심히 관심을 갖습니다. 아직 미성숙한 인격체인 사춘기 아이들은 어머니의 감정을 대신 느끼게 되기 때문입니다. 그리고 아버지가 아이들에게 사과하는 기회가 필요합니다.

"아버지가 예전에 어머니한테 함부로 했었단다. 지금은 반성하고 용서를 구했다. 앞으로는 이런 일이 없도록 노력하고 있단다. 어린 너희들의 마음까지 괴롭혀서 미안하다."

짧은 말 한마디이지만 아이들은 쉽게 아버지를 용서할 수 있습니다. 아이들은 부부의 관계에서 이성에 대한 사랑을 배우기도 하지만, 인간관계의 다양한 감정을 배우기도 합니다.

왜 사는지 모르겠어요

고민

삶이 무의미해요.

살아야 할 이유를 모르겠어요.

희망이 생길까요?

그리고 남자친구 평생 안 생기면 어떡해요?

상황

"성적은 그냥 보통이에요. 반에서 중간 정도 해요. 공부가 특별히 하기 싫은 건 아닌데, 그렇다고 하고 싶지도 않아요. 그런데 공부를 왜 해야 하는지 모르겠어요. 어른들은 그냥 대학 가 보면 안다고 하고, 돈 많이 벌려면 공부해야 한다고도 하는데 이해가 안 가요. 그러면 우리 부모님은 공부 진짜 못했나 봐요. 만날 돈 없다고 죽겠다고 그러는 것 보면."

"남자친구 이야기는 뭐니?"

"저는요……. 지금까지 한 번도 남자친구 사귀어 본 적이 없어요. 우리 학교는 남녀공학이라서 사귀는 아이들 많은데, 저는 남친 남자친구도 없고 친구들 중에도 남자가 없어요. '남자 혐오증'에 걸린 것도 아닌데. 이상하게 주위에 남자가 없어요. 공부랑은 상관없는데 그래도 좀 걱정이 돼요. 저 나중에 결혼도 못 하면 어떡해요? 결혼은 꼭 하고 싶은데……."

분석

무기력에 빠지는 원인은 다양합니다. 그런데 사춘기 아이들이 쉽게 느끼는 무기력은 행위의 이유를 알지 못해서 발생하는 것이 대부분입니다. 쉽게 설명해 보겠습니다. 아이들이 근본적으로 궁금해 하는 질문들, 예를 들면 '학교는 왜 다녀요?', '공부는 왜 해요?', '왜 하기 싫은 일을 억지로 해야 하나요?'와 같은 질문에 답을 찾지 못해서 목적성을 상실한 경우입니다. 한번쯤이라도 공부를 왜 해야 하는지 진지한 생각을 해 본다면 쉽게 해결되는 상황이기도 합니다. 고등학생의 경우는 학습된 무기력이 자주 발생하기도 합니다. 공부를 계속해도 성적이 정체되는 경우, 의욕과 의지가 급격히 감소하면서 무력감을 느끼는 현상입니다. 공부에 대한 의문은 학교로, 또 인생으로 확대되어 끊임없이 재생산되기도 합니다.

솔루션

삶의 목적을 싹틔울 수 있도록 기회를 제공해 주는 것이 필요합니다. 다양한 과외활동이 필요한데 특히 부모와 함께 생각하는 시간을 갖는 것이 좋습니다. 애완동물을 키우거나 식물을 기르는 등 다른 생명을 키우면서 삶의 목적을 간접적으로 느낄 수도 있고, 등산이나 캠핑을 통해서 삶에 대한 재미를 느낄 수도 있습니다. 더불어 공부를 하는 이유나 학교를 다니는 이유를 아이들의 눈높이에 맞추어서 설명해 주거나, 아이가 스스로 답을 찾아 볼 수 있는 기회를 주는 것도 좋습니다. 사고가 깊은 아이들의 경우 자칫 인생 자체에 대해 의문을 품고 살아야 하는 이유를 찾는 경우도 있는데, 이런 경우에는 상황에 따라서 일시적으로 공부에만 전념하도록 지도하는 지혜도 필요합니다.

엄마가 불쌍해요

고민

엄마가 한 번도 자신의 여유시간을 가진 적이 없어요.

한 번이라도 여유시간을 가지고 취미를 가졌으면 해요.

엄마가 매일매일 힘들어 하는 걸 보는 게 너무 아쉬워요.

엄마가 편하게 하루라도 쉬었으면 좋겠어요.

엄마를 편하게 쉬게 해 드리고 싶은데

어떻게 해야 할지 모르겠어요. 제가 나중에 커서 여행을

보내 드려야 할까요.

고민

엄마가 한 번도 자신의 여유시간을 가진 적이 없어요.
한 번이라도 여유시간을 가지고 취미를 가졌으면 해요.
엄마가 매일매일 힘들어 하는 걸 보는 게 너무 아쉬워요.
엄마가 편하게 하루라도 쉬었으면 좋겠어요.
엄마를 편하게 쉬게 해 드리고 싶은데
어떻게 해야 할지 모르겠어요. 제가 나중에 커서 여행을
보내 드려야 할까요.

상황

지윤이 어머니는 매일 밤늦게 들어오십니다. 그렇게 늦게 귀가하시는데도 피곤한 몸을 이끌고 빨래도 하고, 반찬거리를 만들기도 합니다. 새벽까지 집안일을 하십니다. 잠을 몇 시간 주무시지도 못하고 아침 일찍 일어나서, 지윤이 아침밥상까지 차려 주신다고 합니다. 집에서 항상 '힘들다.', '죽겠다.'는 말을 입버릇처럼 하시는 어머니를 보면 지윤이는 오히려 속이 상합니다. 어머니에게 잘해 주고 싶은데 지금 지윤이가 할 수 있는 것은 아무것도 없습니다. 공부를 한다고 어머니의 일이 줄어드는 것이 아니라는 것을 지윤이도 잘 알고 있습니다.

분석

부모에 대한 아이들의 걱정은 어른들의 상상 이상입니다. 특히 어머니에 대한 아이들의 걱정은 더욱 그렇습니다. 초등학생들이 참가하는 여름방학 캠프에서 흔히 발생하는 일이 있습니다. 부모와 전화 연락이 되지 않는 경우 아이들은 하늘이 무너진 듯 울기 시작합니다. 아이들에게 '왜 우느냐?'고 물어 보면 '엄마가 보고 싶어요.'라는 말보다 '엄마가 전화를 안 받아요. 집에 불이 난 것 같아요. 걱정돼요.'라는 말을 먼저 하곤 합니다. 부모는 아이들의 정신적 텃밭입니다. 어른들의 기준에서는 평범한 말 한마디라 하더라도 아이들이 들을 때는 충격적인 이야기가 되기도 합니다. '죽겠네.', '못 살겠네.'와 같은 말을 아이들은 그대로 받아들입니다. 사춘기 아이들은 부모가 이런 말을 하는 이유가 본인 때문이라고 생각하는 경우도 있습니다. '나 때문에 엄마가 힘들어 해.'라고 자책하면서 스스로 '속앓이'를 하기도 하는데, 사춘기의 이런 생각은 정서적으로 매우 나쁜 영향을 미치기 때문에 아이들 앞에서는 언어 사용에 주의해야 합니다.

솔루션

부모가 경제적 혹은 정신적으로 고민거리가 있으면 아이들과 공유하기를 권장합니다. '어떻게 어른이 아이들한테 고민을 털어놓느냐?'

고 할지도 모르지만, 어른들이 말하지 않아도 부모의 표정이나 분위기를 통해서 아이들은 충분히 알아차리고 있습니다.

'엄마가 일하는데 이러이러한 경우도 있었단다. 그래서 엄마 마음이 조금 힘드네.'라든지, '지금 우리 집이 이렇게 어려운 상황인데 이런 방법으로 해결해 보는 건 어떨지 고민 중이다. 너희들 생각은 어떠니?'와 같이 상황을 공유하면 아이들이 부모 때문에 상처받는 일이 줄어들고 스스로 마음을 다잡을 수 있는 기회가 되기도 합니다. 아이들에게 말하는 것이 어색하다면, 쪽지나 일기장을 공유하거나 '오늘의 소원'을 적어서 냉장고에 붙이거나, '오늘의 유머' 발표하기 등으로 마음을 여는 활동을 해보는 것도 좋습니다. 대화를 시작하면 아이들은 부모가 자신을 신뢰하고 있다고 생각하고 안도감을 느끼기 때문입니다.

그리고 '네가 ~해 줘서 참 기쁘다. 피곤한 것도 잊어버린다. 힘들지만 네가 있어서 행복하다.'는 말을 자주 해 주는 것이 필요합니다. 직접적으로 '공부를 열심히 해서 좋다.'란 말은 아이에게 오히려 부담을 줄 수 있으니 '남을 돕는 사람이 되었으면 좋겠다. 틈틈이 쉬면서 공부해라.'라고 우회적으로 표현하면 아이들이 부담 없이 받아들일 수 있기에 자녀간의 갈등 상황을 피할 수 있습니다.

가족이 나를 싫어해요

고민

가족이 날 싫어해서 집 나가고 싶다.

외롭다.

상황

휴일이나 명절만 되면 성희는 더욱 우울해집니다. 지금 성희 아버지는 친아버지가 아닙니다. 성희가 4살 무렵 부모의 이혼으로 친아버지와 헤어지고, 새롭게 맞이한 새 아버지입니다. 그런데 어린 시절부터 문제가 있었습니다. 새 아버지는 성희를 긍정적으로 받아들였지만, 아버지의 집안에서는 성희의 존재조차 모르고 재혼을 허락했던 것입니다. 그래서 명절 때만 되면 성희는 숨어 있어야 합니다. 어렸을 때는 이런 사실을 몰랐지만, 성희가 자라면서 차츰 눈치를 채게 된 것입니다. 어머니와 새 아버지 사이에서 남동생이 태어난 다음부터 새 아버지는 남동생만 편애하는 태도를 보였습니다.

"명절 때만 되면 저는 집 지켜요. 엄마, 아빠, 동생은 할머니 집에 가는데, 나만 빼놓고 가요. 집에서는 저를 투명인간 취급해요. 뭘 하든 관심도 없어요. 그냥 가출하고 싶은데……. 솔직히 좀 무서워서 못하고 있어요. 그래도 집은 나가고 싶어요."

분석

성희가 작성한 것과 같은 고민쪽지는 우울이나 자살의 위험 요소를 많이 포함한 메시지입니다. 본인의 이야기를 하는 것 자체를 많이 꺼리는 모습을 보이는 점이 특징입니다. 일반적으로 자신의 이야기를 외부로 분출할 수 있으면 고민이 풀릴 가능성이 높습니다. 하지만 성희와 같이 가정문제가 복잡하고 심각해지면, 아이들은 그 누구에게도 고민을 이야기하지 못하게 됩니다. 친구들에게도 쉽게 풀어놓을 수 있는 이야기가 아니라서 아이의 내적 고통은 더욱 커집니다. 성희는 가족에 대한 불신으로 가족을 믿지 못하는 성인으로 성장할 수밖에 없습니다.

솔루션

성희의 경우는 새 아버지만의 문제가 아니라 재혼이라는 상황을 받아들이지 않는 가족 전체의 문제입니다. 재혼의 경우 반드시 사전에 자녀문제를 해결해야 합니다. 그렇지 않으면 이혼과 재혼의 충격이 고스란히 아이에게 전달됩니다. 특히 어머니나 아버지가 바뀌는 상황은 사춘기 이전의 아이에게는 상상할 수 없는 공포가 됩니다. 이혼이나 재혼을 준비한다면 아이의 정신적인 피해에 대비하여 장기적으로 아이가 이해할 수 있도록 준비하는 작업이 필요합니다. 성희의 사례는 부모가 아이에게 무거운 짐을 지운 경우라 볼 수 있습니다. 아이는 아무런 잘못 없이 억울하게 당하는 입장이 되어 차후 어머니에 대한 배신감이나 불신감이 커질 수 있습니다. 이 책임은 명백히 부모가 져야 하고 해결해야 합니다. 부모가 당연히 해야 할 일을 무책임하게 아이에게 떠넘겨서는 안 됩니다.

아무것도 하기 싫어요

> **고민**
>
> 내가 내 기분을 모르겠다.
> 갑자기 힘이 빠지고 아무것도 하기
> 싫어질 때가 있다.
> 기분이 좋을 땐 나 자신도 언제 그랬냐는 듯이
> 행복하지만 힘들다.

상황

"정훈이는 어떤 과목을 좋아하니?"

"저요? 저는 좋아하는 것도, 잘하는 것도 없는 것 같아요. 공부도 별로이고, 운동도 잘 못 해요."

"공부 말고 좋아하는 것 있어? 이거 하면 시간 가는 줄 모른다든지, '평생 이것 한번 못 해 보면 후회하겠다.'라든지 그런 것 없어?"

"음……. 별로 없어요. 공부 잘하는 애들도 있고, 운동 잘하는 애들도 있고 그런데 저는 아무것도 없는 것 같아요. 좋아하는 것도 없어요. 뭘 해도 별로 기분이 안 좋아요. 저는 남들보다 못하게 태어난 것 같아요."

정훈이의 학교 성적은 중하위권, 특별히 잘하는 것도 없고 그렇다고 딱히 못하는 것도 없는 소위 'B- 학생'입니다. 나름 체계적인 계획을 세워서 공부도 열심히 해 보고, 학원도 다니고 과외도 해 보았지만 성적은 여전히 제자리걸음입니다. 몸이 날렵하지 못해서 운동 감각도 떨어지고, 예능분야에 특별한 소질도 없습니다. 정훈이 스스로도 이런 현실을 어떻게 헤쳐 나가야 할지 난감할 뿐입니다.

분석 & 솔루션

본인의 특별한 장점을 발견하지 못하는 이런 아이들은 상대적인 열등감을 느끼면서 쉽게 무기력감에 빠집니다. '나는 잘하는 것이 없어.'라는 생각은 자신감을 크게 감소시킵니다. 그런데 아이들이 본인의 특기나 적성 혹은 잘하는 과목을 찾지 못하는 결정적인 원인이 두 가지 있습니다. 첫 번째는 본인의 실력을 생각하지 못하고 무조건 남들의 공부방법을 따르려고 하는 경우입니다. 아이가 감당할 수 있는 학습량을 넘어서는 경우 공부에 대한 의욕이 감소될 뿐만 아니라 학습에 대한 흥미도 쉽게 잃게 됩니다. 두 번째는 부모님이 너무 다양한 방향을 제시할 경우입니다. 소화하지도 못하면서 너무 많은 음식을 억지로 먹는 격으로 아이는 소화불량에 걸리거나 체하게 됩니다.

솔루션

열등감에 의한 무기력증이 계속되면 가장 먼저 '하고 싶은 일'을 하는 것이 중요합니다. 실컷 잠을 자는 것일 수도 있고, 영화를 보는 것일 수도 있습니다. 일주일 정도 여유시간을 두고 하고 싶은 행동을 하는 것이 필요합니다. 이렇게 여유 시간을 통해 심리적 충전을 하게 되면 아이 스스로 어떤 과목을 선호하는지 혹은 자신이 있는지 다시 확인할 수 있는 기회가 됩니다. 이러한 과정을 통해 발견한 전략과목을 집중적으로 공부하여 그 과목에 대한 성적만 향상시키면 어렵지 않게 열등감에서 벗어날 수 있습니다.

아무도 내 마음을 몰라 줘요

고민

1. 아무리 가까운 사람이라도 상대방은 제 마음을 알 수 없나요?

2. 왜 처음에 저만 생각하게 될까요?

3. 친구는 왜 저를 빨리 잊어 버렸을까요? 진짜 친한 친구였는데

상황

"선생님, 이상해요."

"뭐가 이상한데?"

"다른 사람들은 내 마음을 왜 몰라 줘요? 우리 엄마도 내 마음을 모르고, 진짜 친한 친구가 있는데 그 아이도 내 맘을 몰라요. 절친^{가장 친한 친구}이면 당연히 나를 이해해 줘야 하는 것 아니에요? 다른 애들이 저한테 이기적이래요. 그런데 억울해요. 저는 이기적으로 행동한 적이 없는 것 같은데……."

중학교 1학년 윤지는 요즘 주변 사람들의 이야기 때문에 스트레스를 많이 받고 있습니다. 특히 교우관계에 대한 고민이 많습니다. 친하다고 생각했던 친구들이 어느 날 갑자기 자기를 멀리하고 다른 친구들과 어울린다면서 친구에 대한 배신감을 느끼고 있었습니다.

분석

사춘기 아이들은 여러 가지 신체적 정신적인 변화를 보입니다. 그 변화들 중 가장 특이한 점은 '사회성'이 형성된다는 것입니다. 유아기 '나'를 중심으로 했던 생각들이 나와 다른 사람의 '관계'로 급격히 이동하면서 여러 가지 가치관의 혼란에 휩싸입니다. 사춘기 아이들의 특징 중 대표적인 것이 '음악'에 대한 태도입니다. 버스나 지하철에서 큰 소리로 음악을 듣거나, 노래를 부르는 아이들을 본 경험이 있나요? 이 아이들은 본인이 좋아하는 음악을 다른 사람도 좋아한다고 생각합니다. 이와 같이 사춘기 아이들은 다른 사람들도 나와 같은 생각을 가지고 있을 것이라 판단하고 행동합니다. 그래서 나와 같은 생각을 가진 친구들을 만나면 쉽게 친해지고, 나와 생각이 다른 친구들을 만나면 서로의 관계에 대해 의문을 품습니다.

솔루션

사춘기 아이들의 이런 고민은 상당히 건강한 고민입니다. 사춘기 아이들은 이런 고민을 통해서 본인과 타인의 존재가 다름을 스스로 깨우치고, 다양한 이해관계가 얽혀있는 사회를 추상적으로 이해하게 됩니다. 특히 남학생보다 여학생의 경우 이런 고민을 많이 하는데, 관계중심적인 여학생의 전형적인 특성이므로, 부모의 입장에서 특별히 조언을 하거나 훈육을 할 필요는 없습니다. 하지만 고등학교에 진학해서도 자신과 타인의 다름을 인정하지 못하고 본인의 주장만 옳다고 내세운다면 부모님의 따끔한 충고가 필요합니다.

"네가 맞고 친구가 틀린 게 아니라, 너와 친구는 서로 다른 거야. 넌 분홍색을 좋아하고 친구는 보라색을 좋아한다고 해보자. 누가 맞을까? 누가 맞고 누가 틀린 게 아니라 서로 다른 거야."

부모님과 대화가 부족해요

고민

고민1. 공부를 하면 친구들과 멀어지게 되고 친구들과 놀면 공부에서 멀어지게 돼요.

고민2. 야자 늦게 끝나고 부모님과 대화하는 시간이 부족해졌어요. 주말엔 도서관…….

상황

"친구들하고 친하게 지내고 싶은데, 기회가 별로 없어요. 항상 공부해야 해요. 친해지고 싶은 아이가 있는데 같이 놀아야 친해질 수 있을 것 같아요. 근데 놀면 공부할 시간이 없고……. 어떻게 해야 해요?"

톡톡 튀는 고민을 이야기하는 이 여고생의 다음 고민은 사뭇 많은 것을 생각하게 합니다.

"저는 이야기하는 게 너무 좋아요. 엄마, 아빠랑 이야기하는 것도 좋아해요. 그런데 고등학생이 되니까 부모님이랑 이야기할 시간이 없어서 아쉬워요. 학교에서 야자 야간 자율학습 끝나고 집에 가면 너무 시간이 없어요. 씻고 정리하면 잘 시간이에요. 하고 싶은 말은 많은데……. 슬퍼요. 지금 1학년인데도 이렇게 시간이 없는데 벌써부터 고3이 걱정이에요. 이야기하면서 스트레스 푸는 성격인데……."

분석

'친구를 사귀는 것'과 '공부하는 것'을 대립적인 관계로 생각하는 경우 대인관계에 문제가 발생할 수 있습니다. 흔히들 '공부 잘하는 아이들은 인간성이 안 좋다.'라고 하는데 공부에 대한 집착이 대인관계까지 영향을 미치기도 합니다. 사실 공부를 하는 근본적인 이유는 많은 사람들이 '다 같이 잘 사는 세상을 만들기 위해서'입니다. 결국 공부와 친구 대인관계는 서로 상극이 아니라 같이 추구해야 할 가치라고 볼 수 있습니다. 그런데 사춘기 아이들의 경우 '공부와 학습'이라는 삶의 일부분에 집착하여 극단적으로 다른 모든 가치를 무시해 버리는 경향이 있습니다.

문제는 성인이 되어서 발생합니다. 이런 이기적 발상은 성인이 되어서도 쉽게 고쳐지지 않습니다. 그래서 사회생활에 대한 적응력과 학창시절의 성적은 반비례하는 경우가 종종 발생하는 것입니다. 부모와 대화를 즐기는 아이들은 이를 통해서 스트레스를 해소하고 궁극적으로는 심리적인 안정을 찾습니다. 유아기에는 스킨십을 통해 부모님의 보살핌을 경험했다면, 사춘기에는 대화나 지적 활동을 통해 사랑과 안정감을 느끼게 됩니다.

솔루션

'공부에 대한 가치'와 '사람에 대한 가치'의 중요성을 모두 인식하도록 지도하는 것이 필요합니다. 자전거의 두 바퀴처럼 공부실력과 대인관계는 아이들을 성장시키는 매우 중요한 구성요소이기 때문입니다. 그리고 부모와 대화를 유지하는 것이 매우 중요합니다. 대화시간이 극도로 줄어든다면 교환일기나 쪽지, SNS 등 다양한 도구를 통해서 정서적인 교감을 계속 유지하도록 노력해야 합니다.

미래가 걱정이에요

고민

1. 대학 입학 후 어떻게 생활해야 하나?
2. 우리 가족이 더 행복해지면 좋겠어요.
3. 우리 가족이 모두 건강해지면 좋겠어요.

상황

"대학교는 가고 싶은데, 졸업하기는 싫어요."

아직 대학도 가지 않는 청소년 아이가 이렇게 이야기합니다. 뉴스에서 대학 졸업 후 취업하기 어렵다고 하니까 청소년 아이들이 미리 걱정하고 있는 것이 현실입니다. 지금 대학생들이 취업을 미루고자 휴학을 선택합니다. 그런데 지금의 청소년들은 대학생활에 대한 생각이 벌써부터 다릅니다. 4년제 대학을 4년에 졸업해야 한다고 생각하는 아이들이 거의 없습니다. 남자들은 군대 문제가 있어서 6년이라고 말하지만, 여자아이들도 대학생활을 최소 6년으로 생각합니다. 남자아이들은 최소 8년에서 10년까지 대학에 다녀야 하는 것 아니냐고 반문하기도 합니다.

TV에 많이 노출된 아이들은 또 다른 부작용을 경험하고 있습니다. "우리 부모님은 곧 병에 걸릴 것 같아요." 부모님 중 건강에 문제가 있는 분이 있는 것은 아닌지 물어 보았습니다. 하지만 아이의 부모님은 매우 건강한 상태였습니다. TV를 통해 나오는 보험사의 광고를 보고 그렇게 생각했다고 합니다. "선생님, 그거 아세요? 1초에 한 명씩 죽는대요. 그래서 걱정이에요. 우리 부모님이 계속 건강했으면 좋겠는데 불안해요."

분석

 남녀노소를 막론하고 누구나 미래에 대한 막연한 두려움을 가지고 있습니다. 그런데 현재 청소년들이 느끼는 막연함은 기성세대가 어렸을 때 경험했던 막연함과는 사뭇 다른 양상을 띱니다. 지금 아이들이 생각하는 막연함은 '학습된 두려움'입니다. 아이들이 이렇게 걱정하는 것은 언론에서 수시로 나오는 이야기 때문에 미리 겁을 먹은 것 때문이라고 볼 수 있습니다.

 행복한 가정이 저절로 만들어진다고 생각하지만 사실 가족 구성원들의 노력이 필요합니다. 사춘기 아이들의 경우 '에스컬레이터 기대 효과'를 가지고 있습니다. 스스로의 힘으로 계단을 올라야 위층으로 오를 수 있는데, 에스컬레이터에 익숙한 아이들은 걷지 않고 계단에 서서 마냥 기다리기만 합니다. 가정의 행복 역시 마찬가지입니다. 아이들은 행복한 가정을 바라기만하고 어떠한 노력도 하려 하지 않습니다.

 건강에 대한 아이들의 불안감은 언론과 매스컴이 만들어낸 결과라고 봐도 무방합니다. 도에 지나친 보험광고나 사망이나 후유장애를 강조하는 광고문구들은 심리적인 불안감을 유발하는데 적지않은 영향을 끼칩니다. 특히, 청소년의 경우 심리적으로 미성숙한 상태라서 더 민감하게 받아들입니다.

솔루션

사춘기 아이들이 미래에 대해 미리 고민하게 해서는 안 됩니다. 사춘기 아이들이 취업에 대한 고민을 하도록 하는 것은 매우 위험합니다. 우리는 쉽게 아이들에게 이런 질문을 합니다.

"커서 뭐 할 거니?"

"디자이너 하고 싶어요."

"그거 해서 밥은 먹고 살 수 있겠니? 정신 차리고 공무원이나 해. 그게 안정적이야."

우리는 현명하게 생각해 보아야 합니다. 사춘기 아이들은 취업 걱정을 해야 하는 신분이 아닙니다. 우리나라 중등교육과정을 성실하게 이수해야 하는 아이에게 너무 먼 미래의 걱정거리를 미리 제시하지 마십시오. '선행 고민'은 아이에게 득 될 것이 아무것도 없습니다. 지금 '선행 고민'에 빠진 아이들한테 눈앞에 있는 문제를 해결하는데 집중하도록 지도하는 것이 필요합니다.

공포마케팅이나 노이즈마케팅에 많이 노출된 청소년들은 매우 비관적인 미래관을 가지고 성장합니다. 쉽게 실망하고 포기가 빠르며, 의지가 약합니다. 아이들에게 드림 리스트를 작성하게 해 긍정적인 미래를 생각해 보는 시간을 많이 갖도록 하는 것이 필수적입니다. 컴퓨터 바탕화면을 '희망 보드판'으로 꾸며 보거나, 집 현관에 작은 보드판을 설치하고 원하는 것들을 하나하나 붙여 보는 것도 좋습니다.

아빠가 보고 싶어요

고민

한번만이라도 좋으니까

아빠가 보고 싶다.

공감 포인트

아이들은 건강한 가정환경에서 아버지와 어머니의 관심과 사랑을 듬뿍 받고 자라야 합니다. 하지만 최근 급증하는 이혼으로 아이들의 마음이 갈기갈기 찢기고 있습니다. 또 정상적인 부부관계가 아닌 상태에서 아이가 출생하여, 태생적으로 불행을 안고 자라는 경우도 있습니다. 다시 한번 강조하지만, 가정이 무너질 경우 가장 큰 상처를 받는 사람은 아이들입니다.

행복해 지고 싶어요

고민

우리 가족 행복해졌으면 좋겠어요.

공감 포인트

아이들이 진심으로 원하는 것은 좋은 성적이나 좋은 직장, 많은 돈이 아닙니다. 단지 '가족의 행복'입니다. 그런데 많은 사람들이 행복해지는 방법을 모릅니다. 어떻게 살아야 행복한지 모르는 상태에서 '돈이 많으면 행복하겠지.'라는 막연한 기대감 속에서 끝도 없이 돈만 추구합니다. 돈을 더 많이 벌어야 한다는 강박적인 심리에 갇혀 있는 부모는 아이와 같이 행복을 느낄 여유조차 없습니다. 아이들이 진심으로 원하는 것은 수백억짜리 다이아몬드가 아니라, 같이 밥 먹으면서 즐겁게 대화할 수 있는 가족입니다. 가족들이 오순도순 모여 앉아 즐겁게 이야기한 적이 몇 번이나 있나요?

엄마아빠 건강이 걱정이에요

고민

저의 고민은 엄마아빠의 건강이 제일 걱정이고

지금의 낮은 성적으로 엄마아빠가 하고 싶어 하시는 것을

다 해 드리며 호강시켜 드릴 수 있을지가 고민이고

동생이 사춘기라 반항도 하고, 엄마 몰래 화장도 하고

별로 좋지 못한 친구들과 어울리는데 어떻게 해야

예전처럼 돌아오게 할 수 있을지 하는 것들입니다.

공감 포인트

가정환경이 건강하지 못하면 아이들은 학업에 집중할 수 없게 됩니다. 집에서 하는 부모들의 걱정과 근심은 고스란히 아이들에게 전해집니다. 무의식중에 내뱉는 어머니의 신세한탄 한마디에 아이들은 몇날 며칠 밤을 새며 고민에 빠지기도 합니다.

하고 싶은 일을 못 찾겠어요

고민

아직도 제가 하고 싶은 것을 못 찾았어요. 학교에서 주는 희망직업란에는 그냥 쓴 직업일 뿐, 제가 하고 싶은 일이 아닌 것 같아요. 집에서는 제가 정확히 진로 정해서 잘하고 있다고 생각을 하셔서 말은 못하고 제가 하고 싶은 일을 못 찾고 항상 고민해요.

공감 포인트

사회 전반적으로 아이들에게 진로나 꿈을 강요하고 있습니다. 어려서부터 큰 꿈과 이상을 품는 것은 좋지만, 청년층을 대상으로 한 리서치 결과를 살펴보면 자신이 진짜 하고 싶은 일을 발견하는 나이는 대략 27세~30세 전후라고 합니다. 그렇기 때문에 진로에 대한 결정을 너무 일찍 내리는 것은 매우 위험합니다. 청소년기에는 가능하면 다양한 활동을 하는 것이 매우 중요합니다.

내가 내 맘대로 안 돼요

고민

부모님 속 그만 썩이고 빨리 철들어서 효도하고 싶은데 그게 내 마음대로 잘 되지 않아서 고민입니다. 진심으로 저는 제가 걱정되구요. 이 고민을 해결하고 싶어요.

공감 포인트

아무리 청개구리 같은 사춘기 아이라고 할지라도, 부모에 대한 고마움은 잘 알고 있습니다. 하지만 본인 스스로도 어찌할 수 없는 신체적, 정서적 변화를 겪고 있어서 '이유 없는 반항'으로 잘못 비춰질 수도 있습니다. 사춘기 아이들은 본인 스스로 가장 괴로워합니다. 하지만 이 역시 어른으로 성장하기 위한 자연스러운 '심리적 성장통'입니다. 그저 너그럽게 바라봐 주는 어른들의 자세가 필요합니다.

마치는 글

이 땅의 어머니,
아버지, 선생님들에게

◆ **어머니!**

'어머니'는 아이들에게 신과 같은 존재입니다. 아이들에게 생명을 내려준 소중한 존재입니다. 그렇기에 아이들은 세상 그 누구보다 어머니를 믿고 따릅니다. 그런데 요즘의 어머니들은 마치 애완동물 키우듯 아이들을 키웁니다. 아이들은 이런 어머니에게서 어떠한 정서적인 지지도 받지 못하게 됩니다. 아이들이 생각하는 '어머니'는 항상 포근한 여신과 같은 존재여야 합니다. 그 어머니의 넓은 마음에서 아이들의 바른 감성과 꿈이 싹트는 것입니다. '지시, 명령, 훈계'하는 엄마에게 아이들을 마음의 문을 닫아 버립니다. 아이를 끝까지 믿어 주세요. 그리고 끊임없이 격려해 주세요. 세상 모두가 아이를 탓해도 어머니만큼은 아이들의 마음을 따뜻하게 보듬어 줘야 합니다. 그게 '어머니'입니다.

◆ 아버지!

아버지는 아이에게 사회생활의 주요한 역할모델Role model입니다. 아버지가 집안에서 하는 사소한 행동 하나하나가 20년 뒤 우리 사회에 그대로 반영됩니다. 아버지의 가부장적인 모습을 보고 자란 아이는 성인이 되어서 가부장적인 태도로 사회생활을 합니다. 아버지가 자상하고 다정하면 아이는 성인으로 자라서 아버지와 같이 자상하고 다정하게 타인을 대합니다. 나의 행동 하나가 미래의 대한민국을 만든다는 생각으로 가정에서 행동해야 합니다. 그리고 아이들을 배려하고, 실패해도 다시 도전할 수 있는 용기를 북돋아 줄 수 있는 사람이 '아버지'입니다. 아이의 성적이나 결과에 집착하지 말고, 꾸준히 성장할 수 있도록 지지해 주는 든든한 버팀목이 되는 아버지가 필요합니다.

◆ 선생님!

마지막으로 우리나라의 교육에 헌신하시는 선생님들께 말씀드립니다. 현대 사회의 구성원들은 물질만능주의에 찌들어 정서적으로 너무나 황폐화 되어 있습니다. 미성숙한 아이들은 물론이고 부모조차 이 어려움을 감당하기가 힘겹습니다. 가까운 미래에 우리 사회를 움직일 주인공은 청소년입니다. 우리 사회를 바로 세울 수 있는 사람은 정치인도 아니고 대기업 임원도 아닙니다. 아이들과 가장 많은 시간을 보내고 있는 사람은 바로 선생님들입니다. 우리나라의 미래를 위해서 능력을 펼쳐 주시기를 바랍니다. 지금 선생님 앞에 있는 말썽꾸러기 학생들이 자랑스러운 대한민국의 씨앗이 될 것입니다.

사춘기는 청소년 아이들이 겪는 특별한 인생 경험입니다. 사춘기가 행복하면 남은 인생을 행복하게 보낼 수 있는 결정적인 힘을 얻게 됩니다. 반대로 사춘기에 정서적인 상처를 받는다면 평생 트라우마로 남게 됩니다. 청소년은 아직 '미성숙한 인간'입니다. 그런데 어른들은 학습과 진학에만 관심을 갖고 마치 청소년을 완전한 인간, 혹은 공부하는 기계 취급하는 경향이 있습니다. 이런 대접을 받은 아이들은 정서적 빈곤감으로 청소년기를 보내게 됩니다. 이 아이들의 미래는 불 보듯 뻔합니다. 사춘기는 3년 내외입니다. 이 시기만 아이들을 잘 보살펴 주면 됩니다. 특히 이 시기의 아이들에게 다음 세 가지 가치관을 심어준다면 세상을 지배하는 훌륭한 리더로 성장할 수 있음을 확신합니다.

"의도했든, 의도하지 않았든, 다른 사람에게 어떠한 피해도 주지 말자."

"나보다 약한 사람은 최선을 다해서 보호하고 배려하자."

"세상에 공짜는 없다. 모든 일에는 항상 그에 상응하는 대가가 따른다."

> 매사 의욕이 없을 때가 많아요.
> 감정의 기복이 심해요.
> 진로도 걱정되요.
> 아빠가 싫어요.

> 엄마가 한번도 자신의 여유시간을 가진적이 없어요. 한번이라도 여유시간을 가지라고 취미를 직접권해봐요. 엄마가 매일매일 힘들어 하는걸 보는게 너무 안타까요. 엄마가 편하게 휴식 이라도 쉬었으면 좋겠어요. 엄마를 편하게 쉬게해드리고 싶은데 어떻게 해야할지 모르겠어요. 제가 나중에 커서 여행을 보내드려야 할께요.

> 우리 가족 행복해졌으면 좋겠가요

> 내가 진짜 하고싶은일은 그림 그리기이나 이무튼 패션쪽 하지못하고 다른 일상을 살아가야 해서 그것이 너무싫어서 고민이다. 내가 하고싶은 일을 한다면 내주변 사람들에게 보탬이 되어주지 못하고 내 삶도 뭔가 해야만 즐거섯사랑이 더 행복해지지 않을수있다.

> 1. 대학 입학 후 어떻게 생활해야 하나?
> 2. 우리가족이 더 행복해지면 좋겠어요.
> 3. 우리가족이 모두 건강해지면 좋겠어요.

> 고민?
> 아직도 제가 하고 싶은 것은 못 찾았어요. 학교에서 주는 중에 희망 직업관이는 것을 쓴 적명이 올 제가 하고 싶은 일이 아닌거 같아요. 엄마께도 제가 확실히 진로 찾아서서 잘 하고 있다라 생각을 하셔서 말도 못하고 제가 하고 싶은 일도 못찾고 학생 고민 돼요.

> 한번만이라도 좋으니까 아빠가 보고싶다.

> 가족이 날 심어해서 집나가고 싶다. 아닌가?

나의 고민

1. 아무리 가까운 사람이라도 상대방은 제 마음을 아나 없나요?
2. 왜 처음에 저만 생각 하게 되는가요?
3. 친구는 왜 저를 빨리 잊어버리는걸까요? 정말 친한 친구였는데

나의고민?

보고싶지만 병원에 있지 못맞추도 있는 친할머니 와 고모들 그리고 아빠  보기.

※제일 사랑하는 남자친구 감동시켜주기

내가 내 기분을 모르겠다
갑자기 힘이 빠지고 아무것도 하기 싫어질 때가 있다
기분이 좋을 땐 나 자신도 언제 그랬듯이 행복하지만 힘들다

< 나의 고민 >

부모님 몰 고민 속으로 벗지 못하시고
도로 다른 행동이 생겼는데 그게 내 마음대로
가지 되지 않아서 괴롭힙니다.
진심으로 저는 저의 걱정되구요
이 고민을 해결하고 싶어요

삶이 무의미해요
살아야할 이유를 모르겠어요
희망이 생길까요?
그리고 남자친구
평생 안 생기면 어떻해요?

다른 사람보다 못하는게 많고, 가진게 없는것 같아서
항상 남들돈에서 위축되고, 부족한 게이 들어서 열등감도 많고
하는 것은 많은데 아직 방법을 찾지 못해서 너무 고민이에요.

고민1. 공부를 하면 친구들과 멀어지게 되고
       친구들과 놀면 공부에 뭐해게 돼버리고

고민 2. 아침에끝나고 부모님과 대화하는 시간이 부족해졌어요
       수험을 5개월 째

저의 고민은 엄마,아빠의 건강이 제일 걱정이고
지켜 나를 성격으로 엄마,아빠를 누군 힘들어하는 것도
다 해드리어 노력해서 딸자가 고민이고
동생이 사랑까 받았도 하고 엄마몸에 화장도 하고
별로 놓지 못한 취지해주 어눌한데 예쁘게 하자
여동생이랑 둘거움게 놀 수 있으면 좋은 것입니다.